「都市問題」公開講座ブックレット33

第39回「都市問題」公開講座
「女性の活躍推進」の虚実

目 次

● 基調講演 ……………………………………………… 2
　アベノミクスで女性は「輝け」るか
　　竹信三恵子　ジャーナリスト、和光大学教授、
　　　　　　　　NPO法人アジア女性資料センター理事

● パネルディスカッション ……………………………… 36
　　パネリスト　海老原嗣生　株式会社ニッチモ代表取締役、
　　　　　　　　　　　　　　リクルートキャリアフェロー
　　　　　　　　鴨　　桃代　全国コミュニティ・ユニオン連合会初代会長、
　　　　　　　　　　　　　　なのはなユニオン委員長
　　　　　　　　東海林　智　毎日新聞記者
　　　　　　　　湯澤　直美　立教大学コミュニティ福祉学部教授、
　　　　　　　　　　　　　　「なくそう！子どもの貧困」全国ネットワーク共同代表
　　　　　　　　西村　美香　成蹊大学法学部教授（司会）

第39回「都市問題」公開講座

「女性の活躍推進」の虚実

● 2014年10月25日（土）13:30～16:30 ●場所：日本プレスセンター10階ホール●

基調講演

アベノミクスで女性は「輝け」るか

竹信三恵子氏

ジャーナリスト、和光大学教授、NPO法人アジア女性資料センター理事

竹信三恵子（たけのぶ　みえこ）ジャーナリスト、和光大学教授、NPO法人アジア女性資料センター理事。
1953年生まれ。東京大学文学部卒。朝日新聞編集委員兼論説委員（労働問題担当）を経て、2011年から和光大学現代人間学部教授。著書に、『ルポ雇用劣化不況』（岩波新書、日本労働ペンクラブ賞）、『家事労働ハラスメント～生きづらさの根にあるもの』（岩波新書）など。2009年、貧困ジャーナリズム大賞受賞。

● 日本の女性のいま

　こんにちは皆さん、竹信三恵子と申します。基調講演は45分ですので、「いま、アベノミクスでどのへんが問題か」ということの概観をお話しできればいいかなと思っています。
　そのためにグラフをいろいろ用意してきましたので、それを中心にお

表 HDI、GEM、GGI における日本の順位

①HDI（人間開発指数）

順位	国名	HDI値
1	ノルウェー	0.971
2	オーストラリア	0.970
3	アイスランド	0.969
4	カナダ	0.966
5	アイルランド	0.965
6	オランダ	0.964
7	スウェーデン	0.963
8	フランス	0.961
9	スイス	0.960
10	日本	0.960
11	ルクセンブルク	0.960
12	フィンランド	0.959
13	米国	0.956
14	オーストリア	0.955
15	スペイン	0.955
16	デンマーク	0.955
17	ベルギー	0.953
18	イタリア	0.951
19	リヒテンシュタイン	0.951
20	ニュージーランド	0.950
21	英国	0.947
22	ドイツ	0.947
23	シンガポール	0.944
24	香港	0.944
25	ギリシャ	0.942
53	メキシコ	0.854
54	コスタリカ	0.854
55	リビア	0.847
56	オマーン	0.846
57	セーシェル	0.845
58	ベネズエラ	0.844
59	サウジアラビア	0.843
60	パナマ	0.840

②GEM（ジェンダー・エンパワーメント指数）

順位	国名	GEM値
1	スウェーデン	0.909
2	ノルウェー	0.906
3	フィンランド	0.902
4	デンマーク	0.896
5	オランダ	0.882
6	ベルギー	0.874
7	オーストラリア	0.870
8	アイスランド	0.859
9	ドイツ	0.852
10	ニュージーランド	0.841
11	スペイン	0.835
12	カナダ	0.830
13	スイス	0.822
14	トリニダード・トバゴ	0.801
15	英国	0.790
16	シンガポール	0.786
17	フランス	0.779
18	米国	0.767
19	ポルトガル	0.753
20	オーストリア	0.744
21	イタリア	0.741
22	アイルランド	0.722
23	イスラエル	0.705
24	アルゼンチン	0.699
25	アラブ首長国連邦	0.691
53	ガイアナ	0.590
54	ホンジュラス	0.589
55	ベネズエラ	0.581
56	キルギス	0.575
57	日本	0.567
58	スリナム	0.560
59	フィリピン	0.560
60	ロシア	0.556

③GGI（ジェンダー・ギャップ指数）

順位	国名	GGI値
1	アイスランド	0.828
2	フィンランド	0.825
3	ノルウェー	0.823
4	スウェーデン	0.814
5	ニュージーランド	0.788
6	南アフリカ共和国	0.771
7	デンマーク	0.763
8	アイルランド	0.760
9	フィリピン	0.758
10	レソト	0.750
11	オランダ	0.749
12	ドイツ	0.745
13	スイス	0.743
14	ラトビア	0.742
15	英国	0.740
16	スリランカ	0.740
17	スペイン	0.734
18	フランス	0.733
19	トリニダード・トバゴ	0.730
20	オーストラリア	0.728
21	バルバドス	0.724
22	モンゴル	0.722
23	エクアドル	0.722
24	アルゼンチン	0.721
25	カナダ	0.720
53	マケドニア	0.695
54	クロアチア	0.694
55	エルサルバドル	0.694
56	コロンビア	0.694
57	ウルグアイ	0.694
58	ウズベキスタン	0.691
101	日本	0.645

（備考）1. 国連開発計画（UNDP）「Human Development Report 2009」及び世界経済フォーラム「The Global Gender Gap Report 2009」より作成。
2. 測定可能な国数は、HDI は 182 か国、GEM は 109 か国、GGI は 134 か国。

話していきたいと思います。グラフは、ほとんどが男女共同参画白書等の公開資料ですので、それほど珍しいものではないのですが、これらをつなぎ合わせていくと、実はいろいろなことがわかるということになります。

まず表、これは文字が小さくてほとんど読めないのですが、読まなくても結構です。日本の順位があまりにも低く、下の順位まで入れなくてはならないので文字が小さくなってしまったということです。

表の一番左はHDI（人間開発指数）、真ん中はGEM（ジェンダー・エンパワーメント指数）、右はGGI（ジェンダー・ギャップ指数）の順位表です。

これらは2009年の順位表です。なぜ2009年という古い数字を持ってきたかというと、実は真ん中のGEMは、もう役割は終えたということで、この年で公表は終わってしまっているのです。しかし、HDIとGEMとGGIを並べたかったので、2009年の数字を持ってきました。
　人間開発指数というのは、健康で文化的な生活がどれくらいできているかという、健康や文化に関係するです。この年、日本は10位でした。
　ところが女性が絡んできますと、いきなり順位が下がります。真ん中のジェンダー・エンパワーメント指数は、もちろん教育・健康も入っていますけれども、国会議員の女性比率とか企業の管理職比率を指数化したものです。日本の順位は非常に低いので、いくら下げても出てこなくて、なんと109カ国中57位です。その1つ上はキルギス、1つ下がスリナムということになっています。
　「え、57位なの？　何か間違っているんじゃない」と、皆さんびっくりするのですが、おそらく日本の人の自己イメージはHDIの10位というイメージですよね。けれども、男女の格差になっていくと、こんなに順位が下がってしまうということを示したかったわけです。
　さらにジェンダー・ギャップ指数になると、もっと深刻になります。いくら順位を下げても出てこなくて、GEMの日本の順位の57位はウルグアイです。GGIの日本の順位は135カ国中101位になっています。それが昨年度（2013年度）の発表ではさらに下がり、136カ国中105位になっています。
　いったいどうなっているのか、ということですね。GGIも、中身はGEMと非常に似ています。それなのに、どうしてGEMは57位で、GGIは101位だの105位になっているのかというと、GEMには国内総生産（GDP）が入っているのです。
　男女の格差が小さくても、豊かではない国の女性は大変だろうということで、GEMにはGDPという豊かさの度合が加味されています。ですから日本は巨大なGDPで底上げされて、やっと57位なのです。で

すからGEMでは先進国、豊かな国が順位の上のほうに来ています。

一方、GGIはまったくそういう配慮がなく、単純に女性の起業家比率とか管理職比率、男女の賃金格差といった男女差だけで統計を取ったものなのです。ですから男女差の少ない南アフリカ共和国が6位に入っているのです。GDPが入っていないと、日本はこんな順位になってしまうという現状を、まず理解してもらおうと思ったわけです。

このように言うと、かなり有識者の方でも「信じられない。うそでしょう？」と言うのですね。うちの学生などは「でも日本には、男女雇用機会均等法（以下、均等法）があって、職場は平等なんじゃないですか」とか、可愛いことを言うわけです。

では、均等法とはなんだったのか、ということを図1で見てみたいわけです。これは国税庁の調査の結果を使って私が作ったグラフです。グラフの一番上は1986年で、均等法が施行された年です。この年、給与所得が300万円以下という女性が83.7％なのですね。

8割以上の女性の給与所得が300万円以下という時代で、これでは女性は結婚しなければ絶対に自立できませんから、裁判所は男性側に理由がある離婚の申立の場合は、なるべく男性側の理由を聞かないようにして離婚しにくくしていた時代です。

それから10年たった1996年、「均等法もできたんだから、ずいぶん良くなっただろうな」と期待するわけです。確かに300万円超が随分増えました。といっても400万円以下が9.5％から18.5％に増えた部分が大きくて、300万円以下を見るとまだ6割ぐらい残っているのですね。

それで、もう少し我慢してさらに10年後、2006年になればもう少しよくなるだろうと思ったら、2006年になっても全然変わっていません。それどころか、200万円以下のところが少し増えてしまっています。そういうショックな状況が、今の私たちの社会なのです。

図1 女性の給与所得の分布の変化

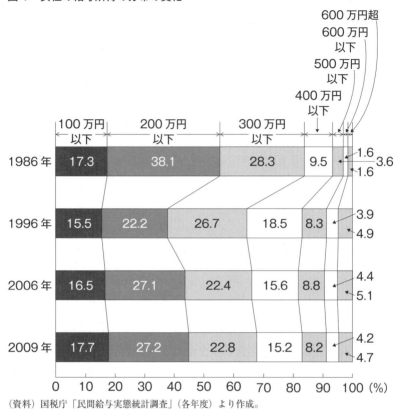

(資料) 国税庁「民間給与実態統計調査」(各年度) より作成。

●背景に男性の長時間労働

　どうしてこんなことになるのか、理由はいろいろあるのですが、私が注目しているのは労働時間の問題です。

　均等法が制定されたときに、労働基準法にあったさまざまな女性保護の規制が撤廃されています。午後10時以降の仕事や休日出勤等々、それまで女性には禁止されていた労働ができるようになったわけです。

　確かに、そうしないと女性は男性がやっている仕事に就けないということなので、一見、当たり前ではないかと思われがちなのですが、問題は日本の男性のもともとの働き方が非常に長時間労働であったというこ

とです。

　日本は、1日8時間労働のILO（国際労働機関）の1号条約も批准していません。そして、36協定というのが労働基準法に入っています。これは「労使で協定を結べば、事実上青天井近く働いていい」という内容です。

　均等法のずっと前から男性のそのような労働の世界が続いておりまして、そういう世界に女性が保護をすべてはぎ取られて放り込まれたというのが、実は均等法のもう一つの顔なのです。

　そうなるとどういうことが起きるか。家事、育児、介護等々の家庭内の重要な仕事は労働時間には一切カウントされませんから、女性は従来の男性の長時間労働の世界では家事的な仕事はできるわけがない。そうなりますと多くの女性は、いっぺん正社員を辞めて、短時間労働や派遣労働に移っていかざるを得ないという構造になるわけです。

　では、多少とも増えた300万円超の女性たちは、どうしてそれが可能だったのか。それはおそらく、家事的な仕事をだれかにやってもらうことができた人たち、または結婚等々を先送りして家事的な仕事を最初から捨てていた人たち、そういうタイプの人たちだったならば、性別が女性であってもなんとかなります。

　労働基準法の女性保護が撤廃されたときに、そういうタイプの部分が増えているのです。しかし、そういう家事サービス系をゲットできなかった人たちは、300万円以下の側に行かざるを得なかったということになるわけです。

　では、一部の女性たちはどうやってそういう家事サービス系をゲットできたのかというと、3つぐらい方法があります。1つはきちんと金を稼いで家事サービスを市場から購入して調達する。家政婦さんを雇って、家に来てもらうとか、そういうパターンですね。

　もう1つは、夫に専業主夫になってもらう。しかし、これは夫を養えるだけの収入がないと難しいし、そうしてもいいという夫でないと難し

いので、数は多くありません。

　それから3つめは、これがいちばん一般的なのですが、自分のお母さん、または夫のお母さんにお願いして、家事サービスと保育を代替してもらうということです。おばあちゃん保育です。これはお金がそれほどかかりませんし、場合によってはただでやってくれるお母さんもいますから、家事サービスはかなり調達しやすい。

　つまり、日本での男性の働き方というのは、必ず家に妻がいることが前提になっている長時間労働であったということです。ですから、もう労働時間制度そのものにジェンダーが組み込まれていると考えていいと思います。そこに性差別が入っているということなのです。

　そういう性差別をなんとかクリアするためには、いま言ったように女性が妻をゲットするしかない。市場で買うか、夫にやってもらうか、おばあちゃんかです。それでなんとかなった人が、300万円超の側に移ることができた。

　そういう意味では、均等法は機能したけれども、300万円以下に残ってしまった人たちを底上げするほどには機能しなかった。これは労働時間の問題だと思います。

　ヨーロッパの場合、問題がないとは言いませんけれども、女性並みの労働時間に男性を近づけるといいますか、男女共通の労働時間規制に持って行くという方向性で雇用平等を担保してきましたので、比較的男性も家に帰れるという仕組みになります。

　そうなると女性は、子育てとか家庭の労働を組み込みながら男性と同じベースで競争ができる。そういう仕組みになっていると考えたらいいと思います。

　ですから「女性が輝く」というのだったら、この労働時間の問題をきっちりやらないとどうしようもありません。そういうどん詰まりに私たちは来ています。このことを私は、少子化が深刻化した頃からずっと言っているのですが、ほとんど顧みられません。

私は1990年に、『朝日ジャーナル』という週刊誌に「子なし社会がやってくる」という、ちょっと脅し文句の記事を書いて、そのなかで長時間労働について問題点を指摘しているのですが、少しだけ注目されて、ほとぼりが冷めたら忘れられて、状況はもっと悪くなったというのが現状なのです。

●正規を辞めた女性を待つ超低賃金の非正規の世界

　もう１つの問題点は賃金です。つまり、労働時間が長くて、正社員から出て行かざるを得なかった女性たちが非正規に移る。ところがその非正規そのものに男女均等待遇がないために、女性の賃金がとても安いのです。日本では同一労働同一賃金を担保する仕組みが大変弱いので、一度正社員の職場から出たらもう低賃金になってしまうということです。
　よく、「フライパンから火の中へ」といいますが、フライパンが熱いので、アチチと出て行ったら、その外は火だったということです。労働時間が長いので、アチチと出て行ったら、その先は極端な低賃金労働であったというのが、女性たちが味わってきた状況だと考えていいと思います。
　正社員でも男女の賃金には非常に差があって、図２をみますと、男性の賃金を100とした場合、1989（平成元）年では女性の賃金は60.2でした。これが少しずつ改善はしているのですが、2012年になっても70.9に留まっています。ヨーロッパでは、もう８割、９割という国がかなり多いですから、70.9というのは、よくはなったのですが、やはり低いほうですね。
　しかも日本の場合は、正社員という、もう一本のラインが出てきてしまいました。それ以前はフルタイマーだったらほとんど正社員だったので、線は１本でよかったのですが、最近は短期雇用でフルタイマーという契約社員が出てきてしまったので、それを含めた従来からのフルタイマーの賃金の線と、正社員というメンバーシップを持っている社員とい

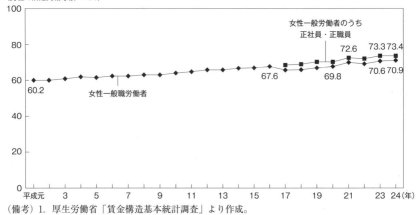

図2 男女の賃金格差の推移
(男性の所定内給与額＝100)

（備考）1.　厚生労働省「賃金構造基本統計調査」より作成。
　　　　2.　「一般労働者」は、常用労働者のうち、「短時間労働者」以外の者をいう。
　　　　3.　「短時間労働者」は、常用労働者のうち、1日の所定労働時間が一般の労働者よりも短い又は1日の所定労働時間が一般の労働者と同じでも1週の所定労働日数が一般の労働者よりも少ない労働者をいう。
　　　　4.　「正社員・正職員」とは、事業所で正社員、正職員とする者をいう。
　　　　5.　所定内給与額の男女間格差は、男性の所定内給与額を100とした場合の女性の所定内給与額を算出している。

う2本目の線が出てきてしまった。

　これもちょっと考えものですね。正社員の男女の賃金差は73.4まで進めたけれども、非正規が入っているほうのラインは70.9止まりとなっています。

　同じ正社員なのに、なんでこんなに男女の差があるのかというのは、またあとでお話をしたいと思います。その前にパート（短時間労働者）です。図3を見てください。

　これは時給ベースです。男性のフルタイマーを100とした場合、女性パートは4割台でずっと来ていて、2011年にやっと5割になりましたが、それでもまだ半分です。

　また、同じ短時間労働であっても、やはり男性よりも低くて差がついています。よく、「非正規は時給だから、男女差がないんじゃないか」なんて脳天気なことを言う人がいますが、図3を見ておわかりのように、

図3 パート労働者の時間あたり給与所得

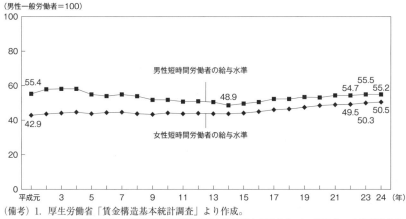

(備考) 1. 厚生労働省「賃金構造基本統計調査」より作成。
2. 男性一般労働者の1時間当たり平均所定内給与額を100として、各区分の1時間当たり平均所定内給与額の水準を算出したものである。

正社員よりも少ないですが男女差はあります。

　これには「同じ仕事なら同じ賃金」という理と公正さを測るILO規準があるので、それできっちり測って、極端に差がある場合には、どこかに不合理な差別があるのではないかと疑ってみる必要があります。

　しかし日本ではそのやり方が根付いていない。そのため、雇用形態が変わったら、あっという間に賃金が半分になってしまう。そしてそれを押し返すための手段が極めて乏しいという状況を、図3は表しています。

　しかも、その女性の非正規比率が6割近くに達しています。いろいろな調査がありますけれども、6割近くということは、はっきり言って女性の過半数は男性フルタイマーの半額という賃金水準の非正規の世界に入ってしまっているわけです。

　アベノミクスがもし本気で「女性を輝かせる」というならば、男女の均等待遇をもっとまじめに導入する。そのことによって、「女性がきちんとまじめに働けば、そこそこの賃金のところには行くんだよ」というふうにしておかなければいけないわけです。そのことについての対応がちょっと鈍い。問題の本質をスキップして逃げているという感じがしま

図4 賃金総額男女比の推移

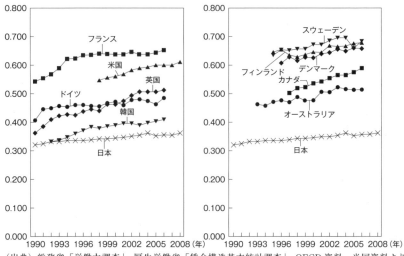

(出典) 総務省「労働力調査」、厚生労働省「賃金構造基本統計調査」、OECD資料、米国資料より作成。

す。

　そのため、ボーナスとか残業代が全部入った1年間の賃金総額の男女比を国際比較すると（図4）、日本では男性を1とした場合、女性は0.3と格差が非常に大きく、しかも改善度も鈍いということがわかります。

　図4左の一番上はフランスです。フランスの女性の平均賃金は、日本に比べて格差は少ないとはいえ、まだありました。1990年代以降、いろいろな手立てを打って賃金総額の対男性比率も6割台強まで上げてきたわけです。「賃金差別の禁止」はもちろん、2001年には1983年の「男女職業平等法」を改正して、団体交渉・労働協約における男女平等や、職能代表選挙での男女平等など、職場での代表権の男女平等を入れ込みました。公務員法でも「男女均衡のとれた代表を確保するために男女の間で区別して採用ができる」とし、「均衡のとれた代表」とは最低3割という数値も盛り込まれました。一種のクオータ制です。

　これらの効果も多少あって、賃金総額の対男性比も7割近くまで改善

図5 雇用形態別にみた雇用者の構成割合の推移

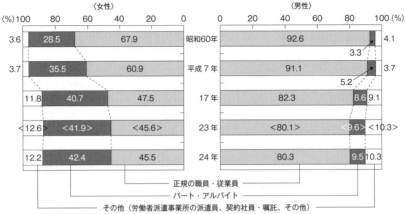

(備考) 1. 昭和60年と平成7年は、総務庁「労働力調査特別調査」(各年2月)より、17年以降は総務省「労働力調査(詳細集計)」(年平均)より作成。「労働力調査特別調査」と「労働力調査(詳細集計)」とでは、調査方法、調査月等が相違することから、時系列比較には注意を要する。
2. 平成23年〈 〉内の割合は、岩手県、宮城県及び福島県について総務省が補完的に推計した値を用いている。

しています。

 その他、英国は2001年にドイツを抜いています。1993年までは日本と同じぐらいに男女差が大きかった韓国は、日本を抜いて年々男女差が縮まり続けています。

 図4の右側は北欧3国とカナダ、オーストラリアとの比較です。国際比較で見て、日本の賃金の男女差の改善度の低さが、非常に顕著に見て取れます。

 どうして日本の賃金総額の男女比が低く、改善が遅々として進まないのかという理由の1つは、先ほど申し上げた、日本の女性就労者がどんどん非正規に移って行ったからといえると思います。しかもその非正規の賃金が極端に安い。仕事の重さに見合わずに安い、ということが問題点だと思うのです。

 図5の「雇用形態別にみた雇用者の構成割合の推移」をみますと、1985(昭和60)年には女性の67.9％が正社員でした。それが年を追って、

正社員女性の割合がどんどん減っていきます。1985年は均等法ができた年（施行は1986年）ですから、当時は「正社員女性が増えるかな」とか言って、みんな楽しみにしていたのですが、それがどんどん減少していっている現状があります。

そして代わりに、パート・アルバイトと、派遣・契約社員といった「その他」が増えていって、2005（平成17）年にはなんと正規と非正規が逆転して、ついに正規が半数を割ってしまったという実態がわかります。

男性も、2004年の製造業派遣の解禁などの労働法制の規制緩和によって非正規は増えています。男性の場合には定年から年金支給開始までをつなぐ再任用・再雇用が増え、そのほとんどは短期契約ですから、それが非正規比率を押し上げている面もありますが、2012年時点でもなお正規が8割をキープしているという状況で、正規・非正規の男女差が非常に顕著です。

●スキルアップしても非正規の賃金は増えない

このように見ていくと、「日本の非正規問題は女性問題である」と言ってもいい状況なのです。しかし、人々の意識の中にあるのは「男の非正規は大変だけど、女の人は男性が食べさせてくれるからいいだろう」という思い込みです。その思い込みから、女性の非正規に対してはお目こぼしを続けているために、改善度が非常に鈍いということになります。

しかも、正規・非正規の男女差を議論するときに問題なのは、「そうは言っても女性のパートとか、派遣とかはだれでもできる単純な仕事をしているんじゃないか」とか、「だから、安くてもしょうがない」「賃金を全部同じにしろとでもいうのか」という反論が必ず出てくることです。

でも、「そうでもないぞ」というのが図6です。2011年に厚労省が有期契約の労働者の調査をしました。有期というのは、1カ月とか、3カ月とか、半年とか、期限が切られている労働契約です。

図6　雇用形態だけで大きな収入差

〈2011年の厚労省調査〉
・有期契約労働者の74%が年収200万円以下（前回2009年では58%、16ポイント増）
・正社員と同じ職務内容→200万円以下は60%（同41%、20ポイント近く増）
・正社員より高度な技術の職務→200万円以下は44%（同33%）

　調査によると、有期契約労働者の74%が、年収200万円以下の低い賃金で働いています。しかし、2009年の前回調査では年収200万円以下は58%だったのです。2年間でなんと16ポイントも、そういう低賃金の人が増えてしまっているということを、2011年の調査では指摘していました。

　もう1つは、正社員と同じ職務内容なのに年収200万円以下の有期契約労働者が60%いる、あるいは正社員よりも高度な技術の職務なのに年収200万円以下が44%もいるという調査結果です。

　このように、スキルに関係なく、雇用形態が非正規だとアッと言う間に低賃金になってしまう例が少なくないわけです。この状況はかなり深刻だと思います。その多くが、もちろん男性もいますが、圧倒的に女性が有期契約労働にシフトしていった結果だということです。

　こうした非正規の話をうちの学生にして、コメントペーパーを提出させると、「先生はいろいろ言いますけど、私は頑張って勉強して、スキルを獲得しますから大丈夫です」と書いてきます。「首を切られて派遣村なんかにいる人は、大学のときに勉強しなかった人です」と可愛らしく書いてくるので、「うーん」という感じですね。

　それで私が、「保育士の資格を取るでしょう。でも、非常勤のほうの枠で入ったら、年収200万円なんてザラだよ」と言うと、「えっ、私、

資格取るのやめます」と、こう言います。
　もちろん、資格は取らないよりも取ったほうがいいのです。しかし、取ったからといって、必ずしも給与が底上げされるわけではない。雇用形態によるねじれが利いてしまうのです。特に女性の仕事は、そういう"資格を取っても非正規"というのが異様に増えてきているのです。
　「こんな現状でスキルアップしようと言ったって、やる気になりますか」と言いたいですね。アベノミクスとか派遣法ではすぐに「スキルアップ」と言うのですが、「スキルアップして、どれだけの人の賃金が上がるのですか」と言いたい気分です。
　スキルがないとできない仕事はたくさんありますし、スキルがあればいい仕事に移ることもできますから、スキルは大事です。でも、スキルアップだけを切り札にされても、「おまえ、頑張れ」と言っているだけです。頑張ったら報われる仕組みを作る。つまり均等待遇をきちんと整備しなければ、現状は絶対に改善されません。でも、そういう問題についてアベノミクスはスキップしている。そういう傾向が非常に強いです。
　「日本は働き過ぎと言うけれども、世界中、誰もが働いているんじゃないの？」と思う人に対しては、長時間労働者の国際比較（図7）をお見せしたいと思います。2006（平成18）年版国民生活白書で少し古いのですが、日本では2000年に週50時間以上働いていた労働者が28.1％いました。今は3割を超えているというデータもあります。
　週50時間以上ということは、毎日2時間は残業していることになります。午後6時に正規の仕事が終わるとすると、2時間残業して午後8時に帰るという生活です。8時に帰って子どもにご飯を食べさせられますかといったら、食べさせられませんよね。8時に帰って、それからご飯を作ると9時近くになってしまう。午後9時から子どもたちにご飯を食べさせたら、子どもが寝るのは何時になりますか。胃がもたれてしまうし、健康によくないですよね。
　シングルファーザーの人に、「どれぐらいに帰れればいいですか」と

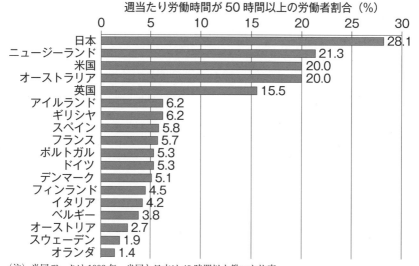

図7 週50時間以上の労働者の国際比較
　長時間労働者比率（2000年）

（注）米国データは1998年。米国と日本は49時間以上働いた比率。
　　原資料はILO, "Working Time and Workers' Preferences in Industrialized Countries : Finding the Balance"（2004）
（資料）内閣府「平成18年版国民生活白書」

聞いたら、「やはり午後5時ですかね」と答えてくれました。「午後5時に帰れれば、子どもにちゃんとしたものを作ってあげられます」と言っていましたが、午後8時というのはすでにそういう時間帯ではありません。

　日本に続くニュージーランド、米国、オーストラリア、英国も、けっこう長めの労働時間の国です。この4カ国は英国と英国の旧植民地ですね。英国は資本論の舞台になったぐらいの国ですから、市場主義が強くて社会的規制があまり強くないということもあって、長めの労働時間になっています。それでも週50時間以上は5人に1人程度です。3人に1人の日本とは大きな差があります。

　ましてや大陸ヨーロッパ諸国になると5〜6％程度で、男女平等とされるスウェーデンでは1.9％しか、こんな働き方はしていません。パー

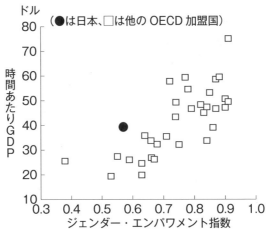

図8 時間あたりGDPとジェンダー・エンパワメント指数の関係

女性の活躍度が上がると時間当たり生産性が上がる
(山口一男・シカゴ大学教授作成)

トの均等待遇制度があって、パートでもなんとか生活できるというオランダには、1.4%しかいないということです。

つまり、日本では「労働時間が短くてもなんとかなる」という仕組みがまったく整備されていないので、こう長時間労働が起きているということなのではないでしょうか。

●意思決定できる女性を増やすと、なぜ時間あたり生産性が上がるのか

もう1点ですが、いまクオータ制を入れるとか、管理職で女性を増やそうとか、「女性を増やす」ということが議論になっています。それがなぜいいことなのかという議論もいろいろあります。

「女性を増やしたほうがいい」という議論については、私もそうだろうと思うのですが、「なぜ増やしたほうがいいのか」という理由について、ちょっと考えていきたいと思います。

図8は、シカゴ大学の山口一男教授がお作りになって日本経済新聞

に発表したものです。使用については山口先生のご了解を得ています。

2009年に調査が終わってしまったジェンダー・エンパワーメント指数、GEMが高ければ高いほど時間あたり生産性が高い、右肩上がりの相関関係があるという傾向を示しています。GEM、つまり女性が意思決定する立場に就いている度合が高ければ高いほど、時間あたり生産性が上がる。意思決定できる女性、職場の中心になれる女性を増やしていくと、時間あたり生産性が上がって、実は労働時間が短くなるのではないかということを表しているのです。

「なんで、本当?」と思う人もいると思います。特に今のように、女性が5人閣僚になったのに、2人は金の問題であっという間に辞めてしまい、3人目は海外からナチズムみたいに言われているという状況で、女性を増やしたからといって、どういういいことがあるんだというような疑念が人々に忍び寄っているのが現実ですから。

しかし、このグラフの意味しているところは、数少ない閣僚のうち何人を女性にするかということ以前に、もっと多数の人々、層としての女性にどういう働き方をさせるかということにかかわってくる問題だと思います。

私には、このグラフを見てピンとくることがありました。私の知人に女性の編集者がいます。この人は子どもさんが2人いて、保育園に預けながら働いています。編集者で、働く時間が比較的柔軟で、自分の裁量が利きますから、午前中に著者の先生方のアポイントを全部取ってしまって一気に回るのです。

お昼にオフィスに帰ってきて、ご飯を食べて、回った結果を書類にしたり、オフィス仕事をする。そして午後3時過ぎになると、ほぼ仕事のめどがついて、午後4時ぐらいになると「さあ保育園に子どもを受け取りに行こう」と、帰ろうとします。

するとそのころになって男性の編集者たちが出社してきて、「やっと昨日の二日酔いも取れたな」みたいな感じで、「今から会議」と言うの

だそうです。

　男性たちは、その前日もお酒を一緒に飲んだりして、企画会議みたいなことをワイワイやっている。だからどうしても朝が遅めになって、二日酔いっぽい感じで出てくる。午後２時ぐらいから目が覚めてきて、４時になると「会議」となって、また夜遅くまでやる。こういうサイクルなのだそうです。

　だから彼女のサイクルとはまったく合わないわけです。でも、こういう男性たちも、子どもがいて自分が世話をしていれば、当然、彼女型のサイクルになるわけです。ところが男性陣は、そのことにまったく気がついていない。

　それで、彼女が「子どもの保育園があるので」と言うと、彼らは「これだから女はナー」とか、「子供がいる女は効率が悪いわ」と言うわけです。「効率が聞いてあきれるわ」という感じですが、そういうふうな感じになっているわけです。

　だから、意思決定権を持っている女の人が、きちんとした一定の見通しを持って仕事と家事・育児の両方をできる仕組みをみんなで実行していくことが、時間あたりの生産性を上げていく大きな動力になるということは、嘘ではないだろうと思います。

　「女性の数を増やす」というのは、そういう意味なのだと受け止めるべきであって、単純にただ数だけ増やせばすべて解決などということではありません。長時間労働が大好きな女の人ばかり何人増やしてもだめだというのは、その通りです。

　とはいえ、意思決定できる女性を一定の比率にしていけば、女性のうちの何割かは必ず自分が子どもの面倒を見ることになっているので、そのために女性を増やすと時間あたり生産性の向上に寄与するのではないかといわれているわけです。そういう原点をアベノミクスはきちんと踏まえているのか、という問題点があります。

図9 女性の年齢階級別労働力率（国際比較）

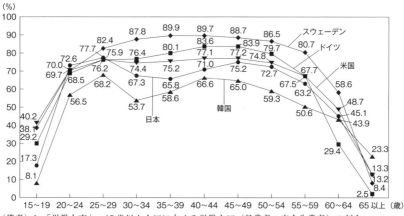

(備考) 1.「労働力率」…15歳以上人口に占める労働人口（就業者＋完全失業者）の割合。
2. 米国の「15～19歳」は、16から19歳。
3. 日本は総務省「労働力調査（詳細集計）」（平成21年）、その他の国はILO「LABORSTA」より作成。
4. 日本は平成21年（2009年）、韓国は平成19年（2007年）、その他の国は平成20年（2008年）時点の数値。

●M字の谷の底上げとアベノミクス

　次に図9ですが、仕事と家事・育児の両立ができないと、30代の女性の労働力率がへこんでしまうという、例のM字曲線の話になります。

　どういうことかというと、女性は若いうちはだんだん働き始めて労働力指数が上がっていきます。ところが20代～30代にかけて子どもができるので、いっぺん仕事を辞めて労働力指数が下がります。谷ができます。そしてその後、多くは非正規で再雇用されるわけですが、再び働き始めるわけです。こうして30代の女性の労働力率がへこむM字型になります。このM字型雇用が、日本と韓国はそっくりなのです。

　そういう指摘をすると、多くの場合、「そんなこと言ったって、赤ちゃんができたら、お母さんは辞めなきゃかわいそうよ」とか、「赤ちゃんができても働き続けると、グレるわよ」とか言われます。私も言われました。では本当にグレるのかという問題が出てくると思います。

　図9の一番上の、M字になってへこむことなく、きれいな逆U字を

描いているのはスウェーデンです。では、スウェーデンの子どもたちはみんなグレているかというと、そんなことはないわけです。グレる子も、グレない子もいるわけです。逆に、日本や韓国のように女性が子育ての期間に仕事を辞めたらグレないかというと、そういうこともないわけです。

ではなぜ、スウェーデンでは逆U字型が可能かというと、それは女性の子育ての期間に、だれかほかの人が代わってくれれば逆U字型になるわけです。先ほど申し上げたおばあちゃん保育か、夫の専業主夫か、または家事サービスを買うか、あるいは何かほかの方法ですね。

家事サービスを買うまでもなく、保育園があるとか、公的サービスがしっかりしていると、M字の部分が引き上げられて山型になります。ただそれだけの差なのです。スウェーデンは1960年代にそういうサイクルを整備してしまいましたので、女性が仕事を辞めなくてもなんとかなる仕組みになっているということです。日韓はそれがきちんとできていないために下がってしまうという、わりに普通の話です。

アメリカは「福祉はあまりやらない」と言っています。やらないのにどうしてあまり下がっていないの、という疑問が出てきますね。

これはおそらく、移民国家という国の成り立ちもあって、移住労働者などを家事サービスに導入し、それを自力で購入するというシステムが一応できているので、それがM字を底上げしているということだと思います。

つまり、女性が輝こうというのだったら、このM字の部分を底上げするために何か手を打たなければいけないということです。アベノミクスはそれをやっているだろうかということを検証する必要があると思います。

それについては、「保育園を増やそう」、「待機児童を減らそう」ということははっきり言っています。だから「保育園がないと（M字の部分は）上がらないんだ」ということはわかっている。預け先が増えたと

喜んでいるお母さんもたくさんいます。

　ただ問題点は、だれがその底を上げるのかというところです。いま言われていることは、保育士になる人が出てこないということです。なぜかというと、賃金が安すぎる。「あんなに重い仕事で、こんなに安い賃金だったら割に合わないから、スーパーのレジのほうがいい」みたいな感じで、そちらに流れてしまったり、そもそも保育士志望者が出てこなかったり、そういう状況になっているわけです。

　ですから普通なら、保育士の賃金の改善をと思うわけですが、いま出てきている対策は、子育て支援員ですね。短期間で取れる資格を作って、急いで穴埋めをするというものです。

　これでは、またしても女性の低賃金労働を再生産することになると思います。つまり女性が輝くために育児や介護をするサービス低賃金女性を新しく作るという、そういう方策になるおそれがあるのです。

　もう1つが国家戦略特区ですね。国家戦略特区に外国人の家事支援人材を入れるという案が持ち上がっていて、いま急ピッチで進んでいるようです。特区は中身が十分公開されず、よくわからないのが、これまた問題なのです。

　シンガポール、マレーシア、香港等、海外では近隣諸国からの移住女性を家事や育児、保育労働に導入している国もたくさんあります。けれども、多くの社会で外国人の家事支援人材に対する虐待がかなり問題になっています。外国人労働者はやはり、周りに親戚がいない、立場が弱い。しかも家事というものに対する蔑視はどの社会にもけっこうありますから、そうなるとそういう人たちの賃金を抑制し、家庭内で虐待してしまうということが頻発するのです。

　育児や介護を公的福祉でなく、自力で買うというこの仕組みでは、家事労働者の賃金が上がってしまうと一般家庭は困る。だから、なるべく発言力を抑え込み、賃上げ要求の圧力が高まらないようにしようという暗黙の合意が住民の間に浸透してしまいます。だから外国人の家事支援

図10 出産で6割が退職

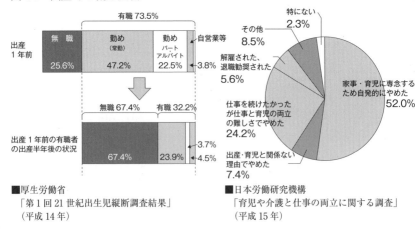

■厚生労働省
「第1回21世紀出生児縦断調査結果」
（平成14年）

■日本労働研究機構
「育児や介護と仕事の両立に関する調査」
（平成15年）

　人材というのは、よほど気をつけないと、人権侵害の温床になりうる。ですからILOは2011年に、家事労働者にも労働権を保障することを規定した家事労働者条約（ILO189号条約）を採択したわけです。この条約に対してドイツやイタリア、フィリピンなどがすでに批准していますが、家事支援人材を導入しようという日本政府は、この条約についていまのところ一言もふれていません。

　しかし、「女性を輝かせる」ならば、移住家事労働者の女性も輝かせることが必要で、家事労働者条約の批准についての議論が始まってもいいはずです。まったく知らん顔であるということが、もう一つの問題点です。

●労働時間の正常化と均等待遇を実現する意思

　そういう状況のなかで図10ですが、これは2002（平成14）年の厚労省の調査です。出産1年前にはせっかく仕事をゲットしていたのに、出産で67.4%が辞めているというグラフです。

　これは2010年にも、新しく調査をしています。2010年の調査では、この数字が54%ぐらいに減っています。さすがに10年たってかなり改

図11 役職別管理職に占める女性割合の推移

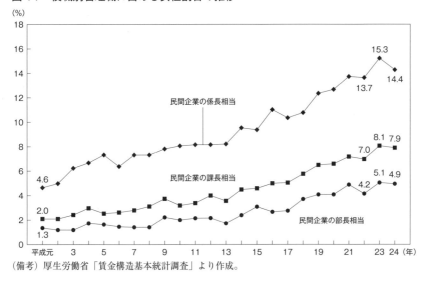

（備考）厚生労働省「賃金構造基本統計調査」より作成。

善はされました。しかし、相変わらず半数以上が辞めているわけです。

辞めた理由が右の円グラフです。2002年の場合には「家事育児に専念するために自発的に辞めた」（52.0％）と「続けたかったが難しくて辞めた」（24.2％）で、76.2％が家事育児を理由にしています。

2010年もこの状況は、数字は少し違いますが、あまり変わっていません。ただ2010年の調査では、「身体を壊した」というのが出てきました。それだけパートの基幹労働化が進んで仕事が厳しくなって、「子供ができて身体を壊してしまった」というケースが出てきているのだろうと推察されます。

ひどいのは解雇、退職勧奨です。これが例のマタハラに相当するのだと思いますが、今回は裁判所がそれははっきり違法だという判断を示したので、これは大変な前進だと思います。

アベノミクス効果でいうと、そういう空気が追い風となって、裁判所がそうした判断をしやすくなったという効果はあったと思います。しかしそれは空気の効果であって、具体的な政策の効果ではありませんから、

今までを見る限りはまだまだ問題ですね。

　図11は管理職比率です。先ほど、賃金は正社員でも男性の73%だと言いました。契約社員も含めた女性フルタイマーでは、男性の70%しかもらっていない。どうして同じフルタイマー、または正社員なのに、そんなに違うのかという疑問が出てくるわけですが、それにもいろいろな理由があるわけです。

　1つはやはり、昇進度による格差が大きいのではないかと思います。年功賃金の部分はどんどん削られてきていますので、男性も勤続年数だけでそんなに上がるわけではありません。

　だとすれば、昇進がなければ賃金は上がっていかないということで、女性の昇進の状況を図11でみますと、女性管理職は部長級で5%ぐらい、課長級が8%ぐらい、係長級という末端管理職でも15%前後という状況に留まっています。

　確かに右肩上がりに増えていて改善はしているので、「日本だって女性の活躍は進んでいる」と皆さんがお思いになってもふしぎはありません。けれども、ILOが出している女性管理職の世界の平均比率を見ると3割ぐらいです。日本は部長級、課長級、係長級ぜんぶならして1割ぐらいです。ですから、改善はしているとはいっても、改善度の鈍さが目立ちます。

　さらに、「そんなに女性の活躍が難しい構造なら、男性が稼いで女性を依存させる政策を続ければいいじゃないか」とお思いになる方もいると思います。「均等法の前までは80%が300万円以下だったのに、なんとか生活できていたのだから、結婚して、離婚しないようにすればなんとかなるだろう」という意見も、いまだに根強くあると思います。

　しかし、「それで本当に大丈夫か？」というのが**図12**のグラフです。これは、この10年間の男女の就業数の増減なのです。一番左の全産業で見ると、女性の就業が104万人増えているのに対して、男性は109万人減っています。

図12　この10年の男女の就業増減

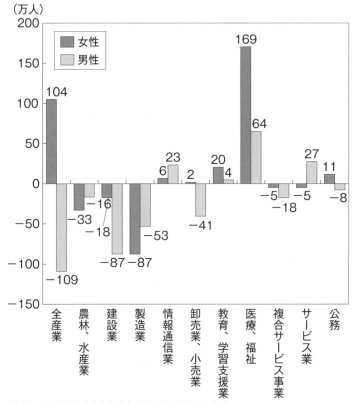

 少子化や産業構造の転換、経済のサービス化などで、男性の相対の就業数が減り、それを埋める形で女性がどんどん増えていっていることが読み取れます。特に伸びているのが医療、福祉、まあ介護ですね。女性が急速に伸びていて、男性も結構そこに吸収されている。
 他方、製造業は女性の工場パートが首を切られているために減り、過剰だった男性も、製造業では減っているという状況です。

産業構造が変わり、少子化も進んで、男性の就業の減った分を女性が埋めているという変化が、実は静かに水面下で進行しています。それが事実だとすれば、女性の賃金を正当に上げておかないと、当然、男性の働き手の取り分は全体として減っていきますから、消費は自ずと沈滞し、デフレからはなかなか脱出できず、金融の量的緩和をやったからといってそうそう簡単に消費が持ち直すわけではない。

　それでは「男女の均等待遇をやっていますか」と聞くと、どうも鈍い。ほとんど話題にものぼっていないというのが現状ですね。ですからアベノミクスをやっても、均等待遇を放置しておいたら、所得はむしろ全体として減少しますから、そうそう簡単にみんなお金は使いません。ですから景気は持ち直しませんよと、普通はそう考えるのではないかと思います。

　つまり、労働時間の正常化と男女の均等待遇という政策をきちんとやる。それによって、女性もきちんと対等に競争できるように制度を整備するのだという強い意志、これが必要なわけです。

●秩序を変える力学となる部分の女性比率の低さ

　しかし、そういった政策をリードしていくための女性の政治家の比率が、日本では著しく低い。

　図13は国会議席数の男女比率の国際比較です。ちなみに、グラフにある日本の11.3％というのは過去最高です。2009年の民主党への政権交代をもたらした総選挙で実現し、「戦後初めて2桁に乗った」といわれました。しかし、そのあとすぐに8％ぐらいに落ちてしまいます。

　日本の国会には、女性に議席の何割を割り当てるというクオータがないので、ムードが盛り上がれば女性議員が増えるのですが、ムードが冷えるとアッという間に元に戻るということを繰り返し続けています。女性議員の比率を担保する制度がないのです。だからちっとも増えない。

　韓国も日本とあまり変わらない水準に見えますが、かつては日本より

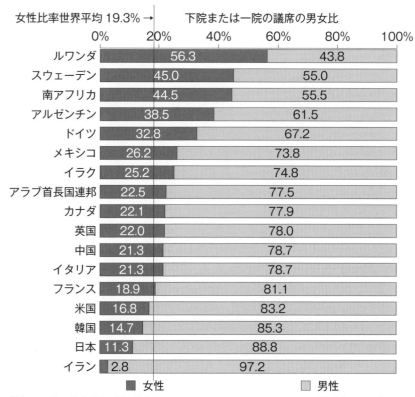

図13 国会議席数の男女比率（国際比較）
（2012年に平均は20％越え、日本は190カ国中163位）

（注）2011年1月末現在。国の選定は The Economist March 12th 2011。ただし図13では英国、イタリア、韓国を追加
（資料）Inter-Parliamentary Union HP

低かったのです。それが、比例区の国会議員選挙候補者の女性比率を5割以上とするクオータ制を入れ、日本を追い抜くところまできました。小選挙区でも、候補者の3割以上を女性にする努力義務を政党に課しています。

　ということで、このグラフで上位の国々は、だいたいなんらかのクオータを入れています。そういうことも、その社会の意思の問題、政権の意思の問題なのです。きちんと政党にクオータ制を入れて、人口の半分

図14　各種メディアにおける女性の割合
　　　（マスメディアの女性比率の低さが情報の偏りも産む）

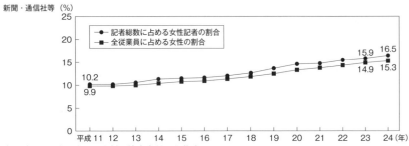

（備考）一般社団法人日本新聞協会資料より作成。

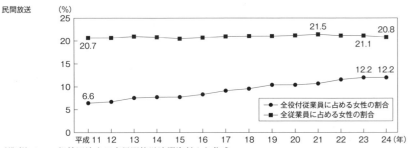

（備考）1.　一般社団法人日本民間放送連盟資料より作成。
　　　　2.　役付従業員とは、課長（課長待遇、同等及び資格職を含む。）以上の職にある者をいう。

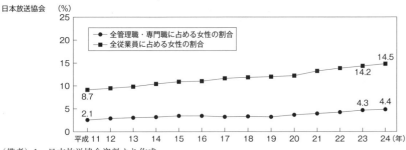

（備考）1.　日本放送協会資料より作成。
　　　　2.　管理職・専門職とは、組織単位の長及び必要に応じて置く職位（チーフプロデューサー、エグゼクティブディレクター等）をいう。

の意思が反映されるようにと気を遣っているか、ということになります。

　しかもこのグラフでは、19.3％が世界平均になっていますが、これは2011年です。翌年の2012年には、ついに20％を超えました。正確に

言うと20.3%です。その2012年の日本は、190カ国中163位というみじめな順位でした。人口の半分の意思が容易に反映されない仕組みになっているので、変化が進まないのです。

加えて、図14はマスメディアですね。私も元新聞記者だったので、恥ずかしながらの報告なのですが、社会の変化を的確に伝えなければいけない、水面下の変化を伝えなければいけないはずのマスメディアでの、すさまじい女性比率の低さは、もうどこから手を付けていいかわからないという感じですね。

一番上は新聞です。2012年段階で16.5%の女性記者比率です。普通、ある集団で少数派が意思決定に影響をもたらすためには、3割を超えてこないと難しいという研究結果がありますが、それには遠く及ばない水準です。

次に真ん中が民間放送です。従業員の女性比率でさえも2割で、まったくの横ばいです。3割に達する気配もありません。役付従業員に占める女性の割合も、増えてはきましたけれども12.2%という低水準です。

一番下がNHKです。従業員の中の女性比率が14.5%で、専門職と管理職を合わせた比率が2012年段階で4.4%です。「えー？」という感じでしょう？「あの毎朝出ている女性アナウンサーはいったいなんなのだ」と言いたくなるぐらいの低い数字です。

このような、マスメディアにおける女性比率の驚くべき低さによって、社会の根底の非常に重要な変化がマスメディアのメインイシューとして扱われてきませんでした。そのことが、社会の変化を鈍くしているわけです。

ですからやはりクオータを、必要なところには的確に入れていく必要があります。社会がそういう意思を持って、クオータを入れないところはオミットするという、それぐらいの決意を固めないと、簡単には変わりません。

差別というのは、放っておけば良くなるものではないのです。「差別

は悪い」といくら叫んでも意味はなく、「なぜ、その人たちはきちんと活躍できないのか」という、活躍できない理由になっているある力を除いてやらないと、変わらないわけです。

ヨハン・ガルトゥングという政治学者がいます。彼は「ある層が潜在能力を発揮できない場合には、必ずそこになんらかの力が働いている、これを暴力と呼ぶ」と言っています。その暴力を除いてやらないとだめなわけです。力には力でいっぺん押し返さないと、なかなかその秩序は変わらない。

それがおそらく、クオータが本来持っている意味だと思うのですが、そういう本来の意味がなかなか理解されなくて、制度による威嚇的な差別だとかいう言葉ばかりが出てくるというのが現状です。

●家事労働を行政、企業、男性に再分配する仕組み

そろそろ時間になりました。アベノミクスの問題点をいくつか挙げてきましたが、要約すれば労働時間の問題と、働く上での評価の問題、均等待遇の問題という本質がスキップされてしまっているということです。

各国がどのようにしてM字型の谷をカバーしてきたかということを、残された時間で簡単に触れます。スウェーデンの場合には育児、介護施設を作って押し上げたという説明しました。そう言うと日本では必ず「財政赤字になるからできない」と言います。

でも、スウェーデンは財政赤字にはならなかったのです。なぜかというと、育児、介護施設に中級公務員並みの待遇で女性を雇用していったので、それらの女性が税金を払えるようになり、年金も払えるようになって財政は改善されたのです。

だから納税者が増えて、年金制度も強化された。それが1960年代のスウェーデンの変化だったのです。増えた税金で、福祉をさらにやるというサイクルができたのがスウェーデンです。

オランダの場合は、福祉に回す財源もないほど財政が悪化していたの

で、パートの均等待遇で一定時間働けば収入が入るようにしましょうという方策で、消費を活性化させました。しかも、2000年に労働時間を選べる権利というのを作って、会社が「そんなのだめだよ」と言っても、「いや、私は週に3日働きたい。5日ではなく3日にしてください」と言えば、会社はそれを断ってはいけないという権利を入れたのですね。それによって、いい意味でみんなが自分の望むときに働ける仕組みを作ったのです。

日本の「残業代ゼロ労働制」というのは、それに近いようなことと説明されていますが、まったく逆のものです。働く人が労働時間を選べるという要素がまったく入っておりません。それなのに残業代は払わない。

「では、残業せずに早く帰れる仕組みはどこにあるの？」といったら、そういう仕組みはまったく入っていません。

8時間労働というのは、労働者の権利ではなく、企業に対して「8時間以上働かせたら身体や社会生活に害がある」と言っている規制なのです。企業に対する規制ですから、8時間を取り払えば働き手が早く帰れるなどというのは法律の趣旨を理解していない議論です。

オランダは、1日8時間労働の基準の上に立って、働き手が何時間働くかを選べる権利を規定しているわけで、8時間労働規制を外さなくても短時間労働は可能なのです。

そもそも8時間規制を外して、残業代も払わなくてすむようにしたら、なぜ「早く帰れる」ことになるのでしょう。残業代による歯止めがなくなれば、労働時間も歯止めがなくなると考えるのが当たりまえです。そんな議論にだまされてしまう人がたくさんいるというのが、よくわかりません。

最後に、「では、どうすれば？」ということですが、いま一番重要なことは、標準労働者像の転換です。子供もいないし、家事もない、介護もないというような、「こんなの人間じゃない」というような人を標準労働者に設定して労働時間を決めていること、ここに問題があります。

人間は、必ず労働と一緒に、家事、育児、介護、地域生活という人間的な生活、ケアを抱き合わせで持っています。だからケアを入れ込んだうえでの働き方を設計することが、いちばんリスクが低い働き方なのです。

　ところが日本の場合、バックに妻がいたという歴史的な経緯があったので、労働以外のケアを全部すっ飛ばして、そういったケアが一切ない働き方、「ケアレスワーカー」ともいいますが、それを標準労働者像にしてしまっている。これが大間違いの基です。それをまず転換するという合意を作ることが重要です。

　それから家事労働を、行政、企業、男性とで公正に再分配する必要があります。女性が一人で抱え込んでいた家事、育児、介護を、行政がまともで安心で安全な公的サービスを中心に担っていく。企業は労働時間短縮によって、それを担う。そして男性は、その結果少なくなった労働時間を使って女性の家事労働の一部を担う。

　そういう形で、女性の家事、育児、介護労働を、行政、企業、男性が少しずつ担ってあげることによって、女性に働く時間ができる。それによって、女性が働きに出て均等待遇でお金を稼ぐ。そうすると、男性は自分が１人で家族を背負わなくてよくなりますから、ぐっと楽になって、男性の労働時間短縮も進む。

　こういう好サイクルを作っていかなければ、女性は輝けないし、男性も輝けません。アベノミクスの労働政策では、残業代ゼロなどの労働時間の歯止めの撤廃が検討されていますし、働き手が自分で労働時間を選べるオランダのような権利保障も登場していません。介護報酬のような、支えとなる措置はむしろ引き下げられつつあります。

　これで「活躍」ばかりが求められるわけですから、「結局女性はめいっぱい働かされて、めいっぱい家事・育児・介護もやれということなの？」と心配する女性の声も出てきています。

　女性が輝くというのは、「SHINE」と書きますね。SHINE は、「シネ」

とも読めるのです。だから、「これって、ひょっとして女性に『死ね』ということ？」と穿った言い方をする女性まで、インターネット上には登場しています。そういう声まで出てきているという現状を、皆さんにもう少し共有していただきたいと思います。

　また、多くの先進国では、女性の声を束ねて政治に働きかけていくための全国センターを持っています。たとえば、米国には「全米女性会議（NOW）」という組織がありますね。ところが、日本にはそうしたものはありません。だから女性の声が政治力として生かされないのです。

　しかし、それをいますぐ作るというのはすごく大変ですから、私が提案したいのは、バーチャルなものでいいから全国的な、女性団体を結んだメーリングリストのようなネットワークを作って課題を共有する。そして、その声を、縦割りになっている大手労組や各政党に、横串のように通していく。そんな枠組みなら実現可能性があるのではないでしょうか。

　そろそろそういう第一歩を踏み出していくことが重要かなと、今は思っています。ありがとうございました。

第 39 回「都市問題」公開講座

「女性の活躍推進」の虚実

●2014年10月25日（土）13：30〜16：30●場所：日本プレスセンター10階ホール●

パネルディスカッション

西村——司会を務めさせていただきます成蹊大学の西村と申します。よろしくお願いいたします。基調講演に引き続き「『女性の活躍推進』の虚実」をテーマに、パネルディスカッションを行いたいと思います。

　安倍政権は成長戦略で、「女性の活躍推進」を謳っております。成長戦略ということからも、経済活動への女性の参画に重きが置かれているようですが、さきほどの基調講演でご指摘がありましたように、経済活動自体にさまざまな矛盾が含まれている上に、伝統的な男女の役割分担意識のようなものが重なってなかなか女性が活躍できるような状況ではありません。

　ここからは、4名のパネリストの方に、それぞれの視点から現状につ

いてさらなる分析を加えていただき、女性が活躍するためにはなにが必要か、考えていきたいと思います。まずは、海老原嗣生さんからお願いいたします。

●入口の問題、意識の問題、企業の経営システムの問題――３つの視点

海老原――こんにちは。竹信さんのお話、おもしろかったですね。いちいちうなずいてしまいました。残業代ゼロ制度、つまりエグゼンプションの話もありましたが、エグゼンプションをやれば、残業代がゼロなので早く家に帰るようになるから、家族団らんの時間がもてるようになる、なんていうのはうそに決まっています。そのことについて、データも含めて少しお話ししておきたいと思います。

大卒で、総合職的な仕事をしている、40代後半の正社員の男性――大学に通いながら働いているような人は除きますけれども――という集団を見てみますと、日本というのは職能等級がありますから、この人たちには、みなし管理職の人が非常に多いんです。60％弱がみなし管理職なのですが、これはどういうことか。つまり、みなし管理職はいまでも十分エグゼンプションなんです。残業代が出ない。だから、早く帰っているはずなんです。

しかし、彼らの週間労働時間は、平均で48時間を超えています。「残業代を払わないようにすれば帰る」なんて、これはデータ的にまったくうそです。残業代を払う／払わないではなく、働き方を変えない限り、働き続ける。さきほど竹信さんも話していたように、長時間労働が男性を苦しめていますし、女性にとっても「家事、育児、だれがやるの？」という状態になるわけです。ここは、変えなければいけないところです。

「さすが竹信さん」と思いながら基調講演を聞いていたのですが、反面、「まだそんな古いことを……」と思ったことが１点ありました。批判しているのではないですよ、後押しです（笑）。それは、クオータ制の話なんですね。クオータは、よく管理職や代議士の話ばかりになってしま

海老原嗣生（えびはら　つぐお）
株式会社ニッチモ代表取締役、リクルートキャリアフェロー
1964年東京生まれ。大手メーカー勤務を経て、リクルートエイブリック（現リクルートエージェント）入社。新規事業の企画・推進、人事制度設計等に携わる。その後、リクルートワークス研究所にて雑誌『Works』編集長を務める。2008年に独立し、株式会社ニッチモを設立。著書に『雇用の常識「本当に見えるウソ」』（プレジデント社）、『女子のキャリア〈男社会〉のしくみ、教えます』（ちくまプリマー新書）、『日本で働くのは本当に損なのか』（PHPビジネス新書）、『いっしょうけんめい「働かない」社会をつくる』（PHP新書）など。

うんですけれども、これはもう少し目を覚まさないといけないと思います。私は、入社時のクオータをつくったほうがいいのではないかと思っています。「私的活動だから、企業の採用に関してクオータは設けられない」と言いますけれども、推進策はできるはずです。例えば、大企業で3割以上女性を採ったら表彰する、あるいはお金をあげる。そして、それを一覧にするんです。一覧になって、「あのライバル企業が出ている」となったら、やらざるを得なくなりますから。こういうふうに入社時にきちんとクオータをつくっていかないといけません。

　なぜこんな話をするのか。実際、採っていないんです。これもデータで示したいと思いますが、各企業が男女をどれだけ採っているか、『就職四季報』を見ると、大卒の総合職の割合が書いてあります。総合職、一般職、職務限定職など細かく分かれている企業もありますが、それぞれきちんとデータが出ているんですね。

　上位人気企業100社のうちの56社が出している数字を見てみます。これは、結構いい数字の企業が出しているはずですから、平均よりもよくなるはずなんです。よくなるはずなのですが、実際、総合職への大卒女性の採用比率は17％しかない。採っていないのです。東証一部上場企業を対象にして同じデータを出すと、どうなるか。24％です。24％しか採っていないのです。

社会学者のロザベス・モス・カンターの言葉で、「3割を超えると社会は変わる」という言葉がありますが、女性比率が3割を超えなければ、企業社会は変わらないんです。なぜだと思いますか。私は人事管理をやっているのでよくわかるのですが、3割以下だと、女性を内勤に、つまり管理部門に寄せられるんですね。管理部門に寄せておいて、上野千鶴子さん的な言い方ですと「女性用ゲットー」「高級ゲットー」、われわれの人事の世界では「トークンレディ」なんて呼ばれたりしています。象徴、シンボルとしての女性、ということですね。とすると、男社会は、管理部門ではだいぶ壊れてきていますけれども、営業とか、研究所とか、工場とか、いわゆる屋台骨のところには女性が少なくて、そこは男社会が残ったままなのです。

　女性を3割採れば、管理部門に寄せられなくなります。企業の男性社会は、徐々に壊れざるを得なくなるんです。つまり、入社クオータというものは、かなり必要なのです。落下傘的に女性が来て、役員をやっているだけでは足りません。それに、女性役員といっても、外から来てできる役員というのは決まっています。CSRとか女性活用とか、もしくは商品開発などの話でしょう。実際に、財務の役員ができるか、販売代理店管理の役員ができるか。こういうところは、やっぱり下から叩き上げておかないと無理です。役員のポストとしては、こちらのほうが圧倒的に多い。とすると、入口を変えない限りだめなのです。入口をきちんとつくらなければいけません。

　そうすると、ここでまた問題が出るんですね。特に理系の職種が主流になるメーカーに関しては、理系の女子学生が少ないから仕方がないといった話になるわけです。そこまで考えていくと、大学入学にもクオータをつくらなければいけないと思います。例えばインドなどの多民族国家では、大学はマイノリティ民族を優先する入学枠というものをつくっています。東京大学に入るのは大変なことですけれども、同じように、例えば「工学部機械工学科では、定員の3割が女性優先枠です」と打ち

出せば、受験する人はきっといると思います。そうやって高校の教育から変えていかないとだめです。クオータというのは、上のほうにつくるのではなくて、下のほうに絶対つくってほしい。私はこのように考えています。この入口の問題が、まず一つ目です。

　さて、二つ目の問題として、「男の意識を変えなければいけない」という話があります。皆さん、総合職で夫婦共働きの人はいませんか。家に帰る途中、最寄駅で夫婦がばったり会う。「今日は残業してきて夜遅いし、二人だけだから、ご飯食べようか」と、二人で食べて帰る。こんな構図はよくあると思います。そして家に帰ると、洗濯物が散らばっている。ごみがたくさんある。整理していないものがたくさんある。「さあ、だれがやるの？」と。こうなったときに、総合職で同じだけ働いて、同じ時間に帰ってきて、同じように疲れているのに、女性がやるというのは、これはおかしいですよね。ここは意識を変えなければいけない。この意識の問題は非常に大きいと思います。

　三つ目の問題は、やっぱり経済合理性の問題というのは残る、ということです。これは日本型雇用の問題なのですが、男女では割り切れないところがあるなと痛感しています。

　私はリクルートに長く居たのですが、「どういう人がほしい」と企業からオーダーを受けるんですね。最近は、大企業で、あからさまに「女性はだめだ」なんて言う企業はありません。でも、いまでも言う企業はたくさんあります。どういう企業かというと、女性社長の中堅中小企業です。女性社長だと平気で言えるんです。男性社長や男性役員が言ってしまうと、さすがに世間的にもまずいので公的な場では言いません。ところが、女性社長は平気で言う。

　このあいだ、大阪で女性社長向けのセミナーを開いて、女性のキャリアについて話したのですが、参加していた女性社長からこう言われました。「とはいえ、そんなきれいごとじゃなくて、やっぱり女の人を雇うと、中小企業だと育休だ、産休だといって休まれたら、私の会社は成り立

資料1

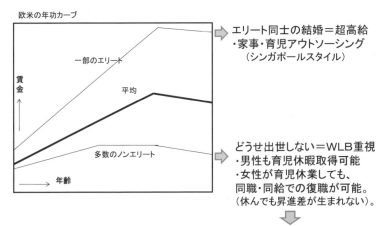

ない。女の人も残業バリバリやってほしいけど、やっぱり家に帰らなくちゃいけない。だから、雇うなら男がいい」と、こういう話が女性から出てくるんです。これはさきほど言った意識の問題とは別に、経済合理性の問題があるということです。日本型雇用で働いている限り、それが標準である限り、「男を雇ったほうが有利」という、経営システムの問題があるのです。

入口の問題、意識の問題、そして経済合理性、企業の経営システムの問題と、三つの話をしました。三つともセットで直さなければいけません。でも、まずは企業の経営システム、労働時間の問題をどうにかしなければいけないと思っています。そこを直して、10年か20年経って、意識のほうがついてくるはずなんです。

資料1を見てほしいのですが、なぜ、欧米では男女共同参画が可能なのか？　これをよく見ると、欧米、特に欧州がそうなのですが、非常

に階層社会で、エリートとノンエリートに分かれていますね。ノンエリート系は、年収300万円前後で働いている人が非常に多い。なぜ格差が出ないかというと、格差というのは、中位（100人の集団なら50番目の人）と比較して見るのですが、そうやって見ると、欧州は中位がかなり低いんです。だから貧困率（中位の人の半分以下の人の割合）が低く見える。でも、上位の少数の人と階層分化した格差社会なんですね。

　ですから、一部のエリートと多数のノンエリートに分かれているわけです。フランスなども、労働時間が年間1,390時間といったデータもありますが、これは下のほうの人たちの話で、上のほうの人たちはエグゼンプションなのでデータが出ていないのです。上のほうの人たちは、死ぬほど働いています。"カードル"と言われているこの上流階級にも労働組合がありまして、その労働組合が出しているデータで見ると、どれぐらい働いているか。年間で約2,000時間働いているんですね。2,000時間というと、日本の正社員の総合職の労働時間とほぼ同じなのですが、彼らにはどういう問題があるか。彼らには強制休日があって、217日以上働いてはいけません。これで割り返すと、どういうことになるのか。カードルの1日の労働時間は、かなり長い。日本の総合職よりも長い。こういう状況なのです。フランス政府もいいところしか言わないですから、そうした彼らの状況はデータには出てきていないのです。

　カードルには女性も結構いるのですが、比率としてはかなり低くなっています。その女性たちに聞くと、86％が「家族との時間が足りない」「働き過ぎだ」と言っています。つまり、これはどういうことか。欧米では、エリート層で、バリバリ働いてお金ももらって、上を目指すという人たちがどうしても長時間労働になるということは、否めないことだと思っているのです。

　ところが日本は、これ一本しかないのです。「全員が階段を上る」仕組みになっていて、普通の生活をするという、もう一本のコースがない（資料2）。もう一本のコースをつくらなければいけないというのが、日

資料2

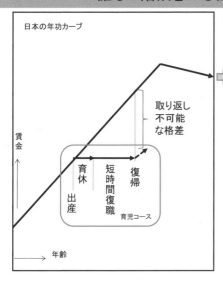

本の問題なんです。日本は階段を上っていくコースしかない上に、フランス型や欧米型のエリート層が1500万、2000万と普通に稼いでいくのに対して、日本はそこそこしか上がらない。欧米にはもう一本のコースがあって、300万〜400万で緩く働くという層があるのに、日本にはそれがなくて、板子一枚下は非正規になってしまうという社会なんです。

日本も二層といえば二層です。上のほうは、ほぼ全員、緩やかに給料が上がっていく。「中小企業は上がらないじゃないか」と言いますけれども、これも勤続労働者、標準労働者で見ますと、50歳で平均660万円もらっています。全員が緩く上がっていく。それに対して、板子一枚下は非正規。この問題を解決しない限り、どうにもならないと思います。

資料2を見てほしいのですが、日本の現状は、働いていくと、女性を排出する仕組みになっているんです。いまは男女平等だと言われていますが、でも実際、多くの女性は産休を取って、育休を取って、戻ってき

資料3

日本型雇用における「女性キャリア」4類型

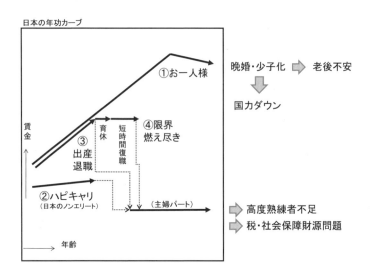

　て短時間勤務をして、そうやって結果として、8年間ぐらい出世コースから外れるわけです。8年も出世コースから外れたら、日本の年功昇級型の下では、自分より劣っていた人でも上司になってしまう。こんな会社だったら、嫌になって辞めてしまうわけです。

　資料3を見てください。日本型雇用における「女性キャリア」の4類型が書いてあります。③出産して退職というのが、いまはだいぶ減ったとはいえ、まだメインです。それから、②のハピキャリ、最初から一般職でいって、仕事は結婚もしくは出産までと割り切っている人たちがいます。結婚せずに男と同じコースを歩む、①のお一人様。そして、出産して育休も取って、短時間勤務も頑張って、でも男性に抜かれ、家に帰れば家事・育児に追われて、限界労働で燃え尽きて40代で消えていく、というのが④ですね。このどれかになってしまう。ここをなんとか変えなければいけません。

変える方法としてどんな方法があるのか。これはまた追ってお話しますが、エグゼンプションというのは、残業代を払わないという企業都合ではなくて、労働者保護もセットで、労働時間規制としてしっかり埋め込まなければいけないと考えています。エグゼンプションなしで残業代が出放題、定期昇給もつくから、50歳までいれば、中小企業でも大企業でも給与が上がっていく。この仕組みは、労働者側も甘えていると思います。例えば、年収400万、500万で止まるけれども、その分早く帰れるというような仕組みを、きちんと考えていかなければいけないのではないかと思っています。

西村――どうもありがとうございました。続いて、鴨桃代さん、よろしくお願いいたします。

●労働組合の視点からみた、現在の日本の雇用

鴨――よろしくお願いいたします。私は、一人でも入れる個人加盟の労働組合「なのはなユニオン」の委員長を務めています。このようなユニオンの全国組織である「全国コミュニティ・ユニオン連合会」の会長も務めました。職場でトラブルが起きた人から相談を受け、受けた問題の改善・解決にあたるという仕事を、ずっとやってきました。ですから、おそらく私の話すことは、かなり狭いところの話なのかなとも思いますが、26年間、ユニオンで活動を続けて、雇用の問題は、日本経済の屋台骨にもかかわるような、大きな問題であると実感しています。雇用の問題を解決しなければ、まさに経済も発展していかないと思っています。

安倍首相が打ち出した「女性の活躍推進」に関して、私は、これまでのことを考えても、政治の側が「女性の活躍」ということを言いはじめたときに、雇用の分野でよいことはなかったと思うのです。女性たちが、自分の能力、自分の時間を有効活用できるということで、1960年代にパート労働が広がりましたが、パート労働は以降、低賃金労働として、そして雇用の調整弁として固定化されていきました。

鴨　桃代（かも　ももよ）
全国コミュニティ・ユニオン連合会初代会長、なのはなユニオン委員長
1988年、一人で入れる労働組合「なのはなユニオン」を千葉で結成し、委員長として現在に至る。2002年には「全国コミュニティ・ユニオン連合会」（全国ユニオン）の初代会長に就任、2013年5月に退任し、現在は顧問を務める。労働相談を続けるなか、パート・派遣・契約社員とともに、均等待遇実現に向けた立法化の活動に携わる。著書に『非正規労働の向かう先』（岩波書店）、共著に『どうする派遣切り 2009年問題』（旬報社）など。

　26年間ユニオンの活動をしてきた中で、私がいちばん印象に残っている相談があります。パート労働の方が「ボーナスの日はいちばん行きたくない」と言ったのです。なぜボーナスの日は会社に行きたくないのかというと、ボーナスの日は、やっぱり職場全体が「今日ボーナス出るよ」と朝からウキウキしている。自分自身はパートだから、賃金が低くても当たり前と思ってはいるのだけれども、そのウキウキした雰囲気の中にいると、「同じ仕事をしているのに、なぜ？」という思いがフツフツと湧いてきて抑えることができない、と。そのような状況が全然改善されないまま、パート労働はいまも非正規の中でいちばん大きな存在としてあります。

　1985年に男女雇用機会均等法が制定されました。ちょうど同じ時に、労働者派遣法も制定されました。**資料4**を見ていただきたいのですが、主要国の派遣制度です。対象の欄を見ますと、米国と日本以外の国では、派遣という働き方は、一時的、臨時的、例外的な働き方ということで限定されています。日本も、85年に法律が制定された時点では、派遣という働き方は一時的、臨時的、例外的であると規定していました。

　もっと言うならば、「男女平等」という声が高まっていた中で、派遣という働き方は、もしかしたらほんの少しだけ女性に夢を見させたのではないかとも思えるのです。皆さん、「ドクターX」というドラマを知っていますか。あのドラマは、有料職業紹介の女医さんを主人公にして

資料4

主要国の派遣制度

	対象	期間	待遇	労働者
独	一時的	なし	均等待遇	2.2%
英国	臨時的	なし	均等待遇	4.1%
仏	一時的・例外的	代替18ヶ月	均等待遇	3.2%
中国	一時的・臨時的		同一労働同一賃金	
韓国	一時的・例外的	32業務／限定2年	均等待遇	0.4%
米国	制限なし			0.9%
日本	建設・港湾、警備、医療などを除く	専門26業務以外は上限3年	均衡待遇の配慮	1.9%

いますが、主人公は「私は手術を絶対失敗しない」と言い切るんです。そういった自負があるので、紹介先である病院の中で、決して媚びない、群れない、従わない、自分の仕事しかしない、ということを貫くさまが描かれています。私は、派遣という働き方は、ある意味でこの働き方をイメージ化させたのではないだろうかと思うのです。そういう働き方として出発しました。

しかし、どのように言ったとしても、**資料5**にあるように、派遣という働き方は「派遣先」「派遣元」「派遣労働者」という三角関係にあるわけです。派遣労働者がどんなに技術、知識、経験を持っていようとも、いちばん力があるのは派遣先であって、「仕事がない」と言われたら派遣元もなにも言えないという、そういう構造の中で働くわけです。その構造をより強める方向で規制緩和が繰り返され、結果的に2008年、まさに派遣切りが横行し、派遣労働者がまるでモノのように切られましたが、ずーっと、今も、派遣で働く女性たちの多くは不安定雇用にさらされています。

さきほど竹信さんのお話でも、いま女性の非正規比率が60％近いと言われましたが、安倍首相が「女性の活躍推進」を掲げるならば、まさに働く女性の主人公となった非正規労働者の劣悪な働き方を変えるべき

資料5

労働者派遣の構造

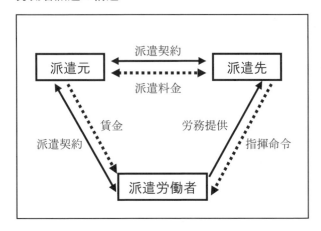

です。しかし、政策的になにも取り上げられていません。ある意味では、無視されていると言えるのではないかと思うわけです。

　一方で「活躍推進」と言いながら、非正規労働者に対して、特に派遣という働き方に対しては、労働者派遣法の改悪を突きつけています。この改悪のポイントは、派遣先の企業が今後ますますもって派遣労働者をいくらでも使うことができるようにする、というものです。連合は、この改悪について、「"生涯"ハケンで"低賃金"」と言い切っています。まさにこういった改悪がなされようとしているわけです。

　派遣労働者は、「生涯派遣で低賃金」など望んでいません。**資料6を**ご覧下さい。これは全国ユニオンの友誼団体で、弁護士の中野麻美さんが理事長を務めるNPO法人派遣労働ネットワークで、2年に1回行っているアンケート調査の結果です。

　これを見ますと、派遣労働者の圧倒的多数は、「派遣でいたい」と望まず、「正社員になりたい」と望んでいます。「正社員で働きたい」が63％です。この調査だけではなく、厚生労働省や日本人材派遣協会の調査でも、同じく60％ほどを示しています。

資料6

派遣労働者の現状
　NPO法人派遣労働ネットワーク（中野麻美理事長）「派遣スタッフアンケート2013集計結果・概要版（2013年9月25日）」より抜粋

《アンケートの概要》
2013年4月1日から8月31日まで、派遣スタッフのかかえる問題と要望などを把握するため、インターネットによるアンケート調査を実施。
これまでも1994年から2〜3年間隔で実施しており、今回が8回目の調査になる。対象は派遣で働いている人（直近の就労者を含む）で、〆切までに537人の有効回答を得た。

《回答者のプロフィール》
◆性・年齢・家庭
　男性比率が年々増え、女性比率は今回60％を切った。平均年齢は36.4歳。既婚者（38％）、独身・単身（33％）、独身・家族同居（22％）で、「扶養家族あり」は全回答者の17％。
◆派遣の種類等
　就業地域は、首都圏4都県が36％（東京が24％）。他に大阪7％、愛知7％、福岡6％など。
　派遣の種類は、契約期間「1年以下」が84％を占めており、ほとんどが登録型と考えられる。

《調査結果のポイント》
1. **派遣労働者の圧倒的多数が「正社員」を希望**
　派遣の仕事を選んだ理由として「自分の都合に合わせて働ける」をあげた者が38％。しかし、「正社員として働ける適当な企業がなかった」が47％で上回っている。
　そして、今後の働き方の希望では、「正社員として働きたい」が63％で、「派遣スタッフを続けたい」（22％）の3倍にもなっている。派遣ネットの2001年の調査までは、「今後も派遣スタッフで」が「できれば正社員で」を上回っていた。しかし、2004年の調査で逆転。それ以降「正社員希望」がほぼ60％台、「派遣スタッフ継続」が20％台で推移している。
　こうした傾向は他の調査でも同様で、最新の厚生労働省「派遣労働者実態調査」（インターネット利用）でも60.7％が「正社員として働きたい」。同統計情報部の「平成24年派遣労働者実態調査」では、登録型派遣労働者の49.8％、常用型派遣労働者の37.2％が「派遣社員ではなく正社員として働き

たい」。日本人材派遣協会調査でも「正社員」希望が 52.1%。現状システムは明らかにバランスを崩しており、無期正社員を希望する労働者に転換への道筋を開いていくことが重要な課題である。

2. **年々低下する時給水準と年収、派遣では生活が成り立たない、賃金水準が大幅に低下**

派遣労働者の賃金は労働者派遣契約の契約料金に連動する。派遣先優位の中での派遣会社間の厳しい競争の下、派遣スタッフの賃金は年々低下してきた。首都圏平均では、2001 年の 1,585 円から 2011 年の 1,503 円まで一貫して低下し続けてきた。今回調査での時給額（日給制・月給制から換算したものを含む）の全国平均は 1,179 円で前回の 1,311 円から ▲132 円の大幅な低下になった。首都圏 4 都県の平均でも 1,339 円で ▲164 円のダウンとなっている。前月の月収の平均額は 17 万 4,444 円（0 円の 10 人を除く）、前年の年収の平均額は 213 万 340 円（同じく年収 0 の 13 人を除く）で前回調査より 14 万円近くダウンしている。

派遣スタッフの 68% が年収 300 万円未満であり、300 万円以上は 21% にすぎない（無回答 10%）。

32% が「生活は大変苦しい」、36% が「少し苦しい」としており、生活のため余儀なくされていることでは、「貯金の取り崩し」が 28%、「ダブルワーク」で働いている人も 16% になっている。

現在困っていることでは、「仕事の割に合わない待遇」をあげる人が最も多く（29%）、自分の将来について「不安を感じている」人が 59% にも達している。派遣労働者に安心して生活できる待遇を確保することが急務。

3. **正社員との大きな格差、切実な均等待遇への要求**

正社員との間に「格差があると思う」人は 80%、その具体的内容は、「賃金」67%、「福利厚生」55%、「一時金」53%、「退職金」53%、「有給休暇」37%、「通勤交通費」35% など。

格差を「是正すべきだと思う」人が 75%、また、派遣先正社員との差別を禁止し、均等な待遇を保障する規定の制定に「賛成」の人が 74% にのぼっている。派遣スタッフの均等待遇への要求は切実。

4. **派遣先の都合による突然の雇い止め、不十分な派遣会社の対応**

派遣で働いていて今後も契約が継続すると思っていたにもかかわらず、突然雇い止め（契約更新打ち切り）された経験があるのは、31% の 168 人。その主な原因は「派遣先の都合」（76%）が、「派遣元の都合」（23%）を大きく上回る。

問題はその際の派遣元の対応で、派遣会社の対応に「不満があった」人が 60% にのぼる。不満の理由を類型化すると、「突然である」（22%）、「仕事の紹介がない」（20%）、「理由の説明がない」（13%）が多くなっており、その他「派遣先の言いなり」、「対応が不誠実」、「フォローが足りない」、「自己

都合退職とされた」等があげられ、「不当な解雇である」と主張する人も 20 % いる。
派遣先に対等な交渉ができず、次の仕事の紹介もできない派遣会社が多くあることが垣間見える。

5. 求められる派遣法の抜本見直し
改正派遣法に盛り込まれた無期雇用への転換推進措置に関連して、無期雇用への転換を「希望する」人は 68%。悪質な違法を行った派遣先に対する「労働契約申し込みみなし」制度については、「期待する」人が 62% となっている。今後の派遣法見直しは、規制緩和への逆戻りではなく、規制強化こそめざすべき。

　なぜ正社員として働きたいのか。それは、派遣労働者の賃金がどんどん下がってしまっていて、派遣では生活が成り立たないということが、大きな問題としてあります。いま時給の全国平均は 1,179 円と言われており、首都圏 4 県の平均でも 1,339 円です。年収で言うならば、300 万円未満が 68% もいます。この年収では食べていけない、生活が大変苦しいということで貯金を取り崩したり、2 つも 3 つも仕事を掛け持ちしている人たちが 16% もいます。将来に不安を感じている人も、59% もいます。
　さらに正社員と同じ仕事をしているのに、なぜこんなに賃金や労働条件に格差があるのか、と。そして、賃金や労働条件の格差だけでなく、派遣先において、「あなたは外部の人間である」ということで、まるで同じ労働者ではないかのように扱われたり、セクハラやパワハラといった問題が横行しているのも現状です。
　ゆえに、「均等待遇にしてほしい」という人たちが、74% にものぼっています。この均等待遇について、労働者派遣法「改正」の中ではまったく触れられていません。「均衡に配慮」ということだけです。この格差の問題、均等待遇を求める声には、全然応えていないのです。
　突然雇い止めに遭ったことのある人は 31% にのぼり、そのうち 76% は、派遣先の都合で雇い止めに遭っています。しかし、現在の労働者派

遣法、そしていま出されている「改正案」においては、派遣先の雇用責任には一言も触れられていません。派遣元に対して、3年ごとに切られる派遣労働者に就労支援をしなさい、ということになっています。しかし、派遣元と派遣先の力関係は、どう見ても派遣先のほうが強いということは、皆さんおわかりだと思います。仕事を発注する側が、「仕事はない」と言ったら、それでおしまいなのです。

　そういった現状にあって、雇い止めに遭ったときに、派遣元が派遣労働者の立場に立って、その雇い止めに対してきちんとものを言う立場にあるのかといったら、そうはならず、派遣元が派遣先の言いなりになってしまう。雇い止めに遭ったときの派遣元の対応について、60％もの派遣労働者が不満を感じています。

　労働者派遣法の改悪をこれ以上進めていくならば、派遣がどんどん増えていきます。そういった意味で、日本労働弁護団は「正社員絶滅法案」と言っています。私は「いまの正社員の働き方はよい働き方だ」とは思いません。そうであっても派遣労働者は格差是正と雇用の安定を求めて「正社員になりたい」と言う。にもかかわらず、派遣法を改悪することで、その正社員という働き方もなくそうとしているわけです。同じ仕事をする派遣労働者が、賃金が低くて、いつでも雇用調整ができるのならば、企業は派遣に置き換えていくでしょうから、正社員はますます減らされ、正社員にはますます会社への拘束が高い働き方が求められるのではないでしょうか。

　こうした現状を考えたときに、安倍政権が進めている「女性の活躍推進」というのは、低賃金、雇用不安にさらされている非正規労働者、すなわち女性労働者が置かれている実態を変えることにつながる政策なのだろうかと、疑問に思うわけです。均等法の施行で「女・女間格差」が生まれたと言われました。いまの雇用構造の中で、男性と同じように働ける一部の女性たちは、もしかしたらこの活躍推進策で輝いていけるだろうと思います。そのことを否定するつもりはありません。しかし、圧

倒的に多くの、普通に働きたい、普通に生きたいという女性たちは取り残され、さらに格差が広がるのではないかと、大変危機感を持っています。

　職場での女性たちの働き方の現状をきっちりととらえるならば、まずは均等待遇と雇用の安定を実現させる、そういうところからすべての女性が輝く政策を進めなければいけないのではないかと、私は思います。
西村――ありがとうございました。それでは続きまして、東海林智さん、よろしくお願いいたします。

●悪化する労働環境、必要なのは組合への包摂
東海林――皆さん、こんにちは。毎日新聞の社会部で記者をやっております東海林といいます。この近くにある厚生労働省の記者クラブに所属しておりまして、長い間、労働問題や貧困問題を取材してきました。いまのお二人のお話については、私もほとんど同じ意見といいますか、「なるほどな」と思いながら聞いていました。そこで、お二人とはまたちょっと違った視点から、この「女性の活躍推進」に関して私がいま「おかしいんじゃないか」と思っていることを、自分の体験も含めてお話ししたいと思います。

　私はいま、ちょっと理由があってシングルファーザーなんですけれども、娘を育てながら仕事をしています。だいたい朝6時に娘に起こされて、そこから朝ご飯をつくります。娘のお弁当をつくって、朝ご飯を食べる。そのあと、今度は娘の晩ご飯をつくってから、9時半ぐらいに出社します。いろいろと仕事をやって、夜10時半ぐらいに家路につく。それから家の近くの深夜スーパーで買い物をして、11時ぐらいに帰宅します。明日の朝ご飯の仕込み、お弁当の仕込み、仕事の準備とか、いろいろなことをやっていると、なんだかんだで2時になってしまいます。そして、また朝起こされるという、そういう生活がずっと続いています。

　故あってシングルファーザーなので、こういう生活を送っていまして、ご飯をつくったりするのは嫌いではないので楽しみながらやっているの

ですが、ただ、夫婦揃っている家庭であっても、男性がまったく家事に協力せず、女性も働いているといった場合、女性はたぶん限りなく私に近いような状況だろうと思います。さきほど鴨さんもおっしゃったように、シングルマザーの方なども、ダブルジョブ、トリプルジョブというかたちで働いているので、近い感じになるのかなと思います。

　そういう意味で考えると、さきほど「男性の意識を変える」という話もありましたが、そのとおりだと思うんです。男性の家事参加をある意味保証するには、やっぱり長時間労働を是正しなければ、参加できないですね。その問題が根っこにあると、あらためて感じています。

　安倍政権は、いま「女性の活躍推進」についていろいろ言っていますが、政権が発足したときに、最初に彼らが労働政策のテーマに掲げたのは、「人を動かす」ということでした。この「人を動かす」という言葉が、やや上から目線で評判が悪いので、のちに「失業なき労働移動」という、ちょっと美しい言葉に変えたのですが、基本的には「人を動かす」ということを、安倍政権は労働政策のベースにしているわけです。「人を動かす」ということは、いまそこにいる人を、引っぺがしてどこかに持っていかなければならないわけですから、安定した雇用にはなりません。「雇用の流動化」というのが、彼らの大きなテーマです。

　そういう意味で言うと、鴨さんがお話しになった労働者派遣法の改悪というのは、まさに流動化を進めるためですよね。「次の仕事が見つからない」という失業期間をなくすには、要するに皆、登録型派遣にもっていけばいいんだという、そういう狙いの下でこの改悪、改正が行われようとしています。そのように仕事が安定しない中で、どうやって活躍しろというのか、次々に行く現場でスーパーレディのように活躍しろというのか、と。流動化するのであれば、同じ仕事をしたら同じ賃金という均等待遇が、最低限保障されなければならないのに、それさえ保障されない中で雇用だけを不安定化させていくというこうしたやり方には、非常に危機感を感じます。

例えば、ドイツやイタリアなどでは、派遣労働者の賃金のほうが正社員の賃金より高いんですね。なぜかと言うと、派遣労働者は、仕事が短期間で終わるというリスクを背負って働いています。リスクを背負っているのだから、そのリスクに見合った分を支払う、ということで、一般労働者よりも派遣労働者のほうが、時給単価が高いのです。逆に、そうすることによって、企業は本当に必要なときに派遣を使うわけです。一般労働者よりも高いわけですから、派遣をたくさん使って、人件費を削って、金儲けをしようというような、日本のやり方ではないんですね。本当に必要なときに、派遣労働者を使う。そういう意味で高い賃金が設定されている、と。そうした工夫もなにもない改悪が、このたび行われようとしているのです。

東海林　智（とうかいりん　さとし）
毎日新聞記者
1964年山形県生まれ。88年毎日新聞社入社。さいたま支局を振り出しに、社会部、サンデー毎日編集部、横浜支局デスクなどを経て、社会部、厚生労働省（労働部門）担当。大阪社会部時代に、西成区の日雇い労働者の取材を皮切りに労働問題、労働組合運動など労働関連を幅広く取材。若年雇用問題や貧困問題など取材対象を広げている。著書に『貧困の現場』、『派遣村 国を動かした6日間』（年越し派遣村実行委員会編）、『15歳からの労働組合入門』（いずれも毎日新聞社）。

　私の娘とかが就職するときには、本当に大変な状況になっていると思います。会社は、3年経つごとに人を替えれば、同じ仕事にずっと派遣を使い続けることができるわけですから、正社員の仕事をどんどん派遣に置き換えていくでしょう。そのときに、置き換えの要因として、女性が設定されているわけです。そういう意味でも、労働者派遣法は非常に重要な局面にきていると思っています。

　ちょっと話は変わりますが、そうした中で触れておきたいのは、労働組合の話なんです。鴨さんはあえておっしゃらなかったのですが、労働組合への包摂、という話ですね。やはり労働組合は、労働者の権利を守

るために、立場の弱い労働者の権利が侵害されないために、必要なわけです。ただ、いまの日本では、労働組合の組織率は18％を切っていて、確か17.8％です。5人に1人も労働組合に入っていない状況なのです。

「労働組合なんかいらない」という方もおそらくいると思います。ただ現実問題として、私はこれは大きな問題だととらえているのですが、労働組合がないと、実は労働法って使えないんです。労働法は労働組合だけに適用される法律ではありませんから、だれでも使えるとおっしゃる方がたくさんいます。理屈ではそのとおりなのですが、実際はどうか。

例えば、いま問題になっているマタニティ・ハラスメントの問題がありますね。「育休を取ります」と言ったら解雇された、と。これは、男女雇用機会均等法、育児・介護休業法など、さまざまな法律の支えがあって、そういう解雇を禁止するということになっているわけです。けれども、解雇された女性が闘おうとすると、一人で闘う場合、弁護士を個人で雇ったり、労働審判を使ったり、いろいろな方法はあるのですが、とにかく全部一人でやらなければいけません。彼女には、その闘いをやって勝てる保証ももちろんない。そうすると、闘った上に負けて、子どもを抱えながら新しい仕事を探さなければならないかもしれません。あるいは、せっかく預けられる保育園を見つけたところで、会社から「クビです」と言われたら、保育園も使えなくなってしまうわけです。そういう中で、一人で闘わなければならない。もちろん、解雇されるのですから、収入もなくなります。一人で闘うのは、本当に大変なわけです。

しかし、労働組合があれば——もちろん、まともな労働組合という前提付きですが——その労働組合という力の中で闘うことができます。さまざまなサポートを受けながら、闘うことができるのです。なによりも、一人で闘わなくていいんですね。けれども、さきほど言ったように、いまは5人に1人しか労働組合に入っていないような状況です。もう少し労働組合というものをきちんと活用できるようにして、女性労働者を含めて、組織化を真剣に進めていかなければならないと思っています。女

性労働者、特にパート労働者、契約労働者というかたちの女性労働者は、これまで組合に入れませんでした。入れないわけはないのですが、労働組合側が「正社員以外は入れない」などといった規約をつくっていたのです。それがこの数年で大きく変わって、いまはだいたい非正規でも入れるようになっているのですが、これまでは女性を仲間にしてこなかったという状況があります。

　もう一つ言いますと、労働組合でも女性の役員というのが非常に少ないんですね。いろいろな労働組合に行ってお話をする機会があるのですが、だいたい会場の9割5分ぐらいは男性です。女性の組合員で役員をやっている方は本当に少ない。私が日本新聞労働組合連合（新聞労連）という、新聞社の産業別労働組合の委員長をやっていたときに、どうしても女性の役員を増やしたいと思って、よく知っている女性記者の方に「役員をやってくれないか」と頼んだんですね。すると「東海林さん、私は会社で仕事もやって、家で子育てもやって、頑張っているんですよ。これ以上私に頑張れと言うんですか。労働組合の役員までやれと言うんですか。とてもできません」と言われたのです。「なるほどな」と。ここに労働組合の一つの問題点があって、女性が参加できる条件を労働組合がつくっていないのではないかと思いました。会議の時間を変えるとか、さまざまな工夫をしていかなければならないと、あらためて感じました。

　女性は、「頑張れ、頑張れ」と言われる中で、労働組合にもなかなか加入できないような状況にあるのです。そこにまた、「女性の活躍推進」という一見華やかな舞台だけが用意されているけれども、なかなか活躍できる状況は整っていないという実態が、垣間見えるわけです。そのあたりを、なんとかしていかなければならないと思っています。

西村——ありがとうございました。それでは最後に、湯澤直美さん、よろしくお願いいたします。

パネルディスカッション　57

●シングルマザーが照射する日本社会——女性と貧困

湯澤——皆さん、こんにちは。私は、大学では社会福祉士の養成教育をしております。また、一方で「なくそう！子どもの貧困」全国ネットワークという市民団体の共同代表を務めています。もしご関心があるようでしたら、ホームページからメーリングリストの登録などもできますので、ご覧になってみてください。

今日、私からは、女性と貧困の象徴的な存在としてのシングルマザーの状況を、ご紹介させていただきます。ここでシングルマザーを取り上げる理由について、まず述べたいと思います。第一の理由は、「女性の活躍推進」の文脈でもシングルマザーが取り上げられたからです。「女性の活躍推進」ということを安倍首相が言いはじめた折、「女性の格差が拡大するのではないか」「すべての女性が本当に輝けるのか」といった批判が出てきました。それを受けて、「すべての女性が輝く政策パッケージを出す」という流れになり、主婦の再就職、起業支援、非正規の待遇改善などと並んで、「母子家庭の支援を強化する」という事柄も提案のなかに入れられたわけです。しかしながら、実際になにをすれば、現在の日本の母子家庭の深刻な状況を改善できるのか、言葉だけでなく、あらためてきちんと考えていってほしいと思います。

第二の理由として、シングルマザーは、家族や世帯の中に隠れてしまう女性の貧困を、単身で社会に立ち現れることによって見えるようにしている存在であり、女性の市民権、シチズンシップといったものを問うメルクマールとしてとらえられる存在であるためです。そこで、日本のシングルマザーの状況を通して、女性たちの状況はどのように見えてくるのだろうかということを、簡単にですが、ご紹介させていただきます。

資料7を見てください。これはOECD諸国における貧困率の比較です。子どもがいる世帯の相対的貧困率を見ると、日本は貧困率が高いほうから10番目です。この数値も決して楽観できるものではないのですが、大人が一人の世帯——この大半が母子世帯であるわけですが——で

見ると、その貧困率は50%を超えていて、OECD諸国のなかでも最も厳しい状況に置かれているのです。

資料8を見てください。年齢階層別にみた貧困率ですが、各年代の右端の棒が一番長くなっています。これが母子家庭の貧困率です。20歳代の母子家庭の相対的貧困率は、8割近くにもなっています。

また、諸外国と比べて、日本は特異な状況にあります。どう特異なのかと言いますと、資料9のうち、「非就労のひとり親世帯」と「就労するひとり親世帯」の相対的貧困率をご覧になってください。どの国でも、就労しているよりも就労していない

湯澤直美（ゆざわ　なおみ）
立教大学コミュニティ福祉学部教授、「なくそう！子どもの貧困」全国ネットワーク共同代表
立教大学大学院社会学研究科修了。児童養護施設、母子生活支援施設に10年間勤務。専門は社会福祉学。近年は、子どもや女性の貧困問題と社会政策をテーマに取り組む。著作に『子どもの貧困──子ども時代のしあわせ平等のために』（共著、明石書店）、『対論　社会福祉学2　社会福祉政策』（日本社会福祉学会編、中央法規出版）、『相談の理論化と実践──相談の女性学から女性支援へ』（共著、新水社）など。

ひとり親世帯の方が貧困率は高いのですが、これはある意味で当たり前だと思うんです。しかし、雇用によって、あるいは所得の再分配という政府の介入によって、貧困率は下げられます。OECD平均では、就労していないひとり親世帯の貧困率は61.1%ですが、就労しているひとり親世帯では21.3%に低減しています。ところが、いちばん上の行の日本の数値を見てください。就労していないひとり親世帯の貧困率は52.5%と高いのは当然なのですが、一方で就労しているほうが貧困率は高く、54.6%になるのです。これは本当に驚くべき数字で、注目されています。日本と同じように女性の就労パターンがいまだM字型に近い韓国を見ても、就労しているひとり親世帯の貧困率は低減していますから、いかに日本が特異な状況なのかがわかるかと思います。

同時に、ふたり親世帯の欄も見ていただきたいのですが、特徴として

資料7

貧困率の国際比較（2010年）

○ 日本の相対的貧困率は、OECD34カ国中29位の水準 ○「子どもの貧困率」は34カ国中25位であるが、大人が一人の「子どもがいる世帯」では33位

順位	相対的貧困率		子どもの貧困率		合計		大人が一人		大人が二人以上	
	国名	割合	国名	割合	国名	割合	国名	割合	国名	割合
1	チェコ	5.8	デンマーク	3.7	デンマーク	3.0	デンマーク	9.3	ドイツ	2.6
2	デンマーク	6.0	フィンランド	3.9	フィンランド	3.7	フィンランド	11.4	デンマーク	2.6
3	アイスランド	6.4	ノルウェー	5.1	ノルウェー	4.4	ノルウェー	14.7	フィンランド	2.8
4	ハンガリー	6.8	アイスランド	7.1	アイスランド	6.3	スロヴァキア	15.9	アイスランド	3.0
5	ルクセンブルク	7.2	オーストリア	8.2	オーストリア	6.7	イギリス	16.9	アイスランド	3.4
6	フィンランド	7.3	スウェーデン	8.2	スウェーデン	6.9	スウェーデン	18.6	スウェーデン	4.3
7	ノルウェー	7.5	チェコ	9.0	ドイツ	7.1	アイルランド	19.5	オーストリア	5.4
8	オランダ	7.5	ドイツ	9.1	チェコ	7.6	フランス	25.3	オランダ	5.4
9	スロヴァキア	7.8	スロベニア	9.4	オランダ	7.9	ポーランド	25.3	フランス	5.6
10	フランス	7.9	ハンガリー	9.4	スロヴァキア	8.2	オーストリア	25.7	チェコ	6.0
11	オーストリア	8.1	韓国	9.4	ハンガリー	8.7	アイスランド	27.1	スロベニア	6.7
12	ドイツ	8.8	イギリス	9.8	フランス	8.7	ギリシャ	27.3	スイス	7.2
13	アイルランド	9.0	スイス	9.8	スイス	9.0	スイス	28.8	ハンガリー	7.5
14	スウェーデン	9.1	オランダ	9.9	ハンガリー	9.2	ニュージーランド	30.9	ノルウェー	7.5
15	スロベニア	9.2	アイルランド	10.2	イギリス	9.7	ポルトガル	31.3	ルクセンブルク	7.9
16	スイス	9.5	ルクセンブルク	11.0	アイルランド	9.9	メキシコ	31.3	ルクセンブルク	7.9
17	ベルギー	9.7	フランス	11.4	ルクセンブルク	9.9	オランダ	31.6	イギリス	7.9
18	イギリス	9.9	スロヴァキア	12.1	ニュージーランド	10.4	スイス	31.9	アイルランド	8.3
19	ニュージーランド	10.3	エストニア	12.4	ベルギー	10.5	エストニア	32.7	オーストリア	8.6
20	ポーランド	11.0	ベルギー	12.8	チェコ	10.9	ハンガリー	33.2	カナダ	9.3
21	ポルトガル	11.4	ニュージーランド	13.3	エストニア	11.4	チェコ	33.4	エストニア	9.7
22	エストニア	11.7	ポーランド	13.6	カナダ	11.9	ドイツ	34.0	スロヴァキア	10.7
23	カナダ	13.0	カナダ	14.0	ポーランド	12.1	ベルギー	34.3	ポーランド	11.8
24	イタリア	13.0	オーストラリア	15.1	ポルトガル	12.5	イタリア	35.2	日本	12.7
25	ギリシャ	14.3	日本	15.7	日本	14.6	トルコ	38.2	ポルトガル	13.1
26	オーストラリア	14.5	ポルトガル	16.2	ギリシャ	15.8	スペイン	38.8	アメリカ	15.2
27	韓国	14.9	ギリシャ	17.7	イタリア	16.6	カナダ	39.8	ギリシャ	15.2
28	スペイン	15.4	イタリア	17.8	アメリカ	18.6	ルクセンブルク	44.2	イタリア	15.4
29	日本	16.0	スペイン	20.5	スペイン	18.9	オーストラリア	44.9	チリ	17.9
30	アメリカ	17.4	アメリカ	21.2	チリ	20.5	アメリカ	45.0	スペイン	18.2
31	チリ	18.0	チリ	23.9	メキシコ	21.5	イスラエル	47.7	メキシコ	21.0
32	トルコ	19.3	メキシコ	24.5	トルコ	22.9	チリ	49.0	トルコ	22.6
33	メキシコ	20.4	トルコ	27.5	イスラエル	24.3	日本	50.8	イスラエル	23.3
34	イスラエル	20.9	イスラエル	28.5			韓国		韓国	
	OECD平均	11.3	OECD平均	13.3	OECD平均	11.6	OECD平均	31.0	OECD平均	9.9

（出所）OECD (2014) Family database"Child poverty"、ハンガリー、アイルランド、日本、ニュージーランド、スイス、トルコの数値は2009年、チリの数値は2011年

出所：http://www8.cao.go.jp/kodomonohinkon/kentoukai/k_1/pdf/s10.pdf

資料8

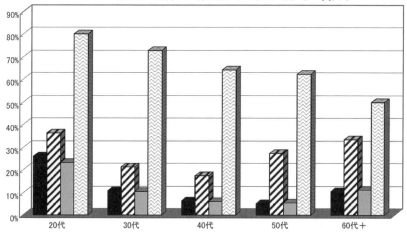

男女別　配偶者の有無別　子どものいる世帯の貧困率

凡例：■男性有配偶　▨父子家庭　▤女性有配偶　▨母子家庭

出所：白波瀬佐和子「経済的困難を抱える非定型世帯の増大：ひとり暮らしとひとり親世帯に着目して」『生活困難を抱える男女に関する検討会報告書──就業構造基本調査・国民生活基礎調査 特別集計』平成22年3月、内閣府男女共同参画局

言えることは、日本は、2人以上が就労していても、あまり貧困率が下がっていないということです。つまり、女性が働いても貧困削減効果がない、という特徴を持っている国だということがわかります。

　資料10をご覧ください。さらに驚くべきは、シングルマザーの就労率です。日本はほぼトップクラスで、8割以上が働いています。◆のマーク──日本は●にしていますが──これはふたり親世帯の母の就労率です。日本では「母子世帯だったら働くのは当たり前」と見られており、ふたり親世帯の母よりも高い就労率です。でも、ほかの国を見てください。ひとりの親で子どもを育てているのだから、ふたり親世帯の母の就労率よりも、母子世帯の母の就労率のほうが下がる国はたくさんあるわけです。日本は、シングルマザーの就労率がトップレベルでありながら、貧困率もトップレベルであるという状況なのです。しかも、女性就労率

資料9

子どものいる世帯の貧困率：世帯類型・就労状況別（OECD諸国・2008年）

単位：%

国名	子どもの貧困率	現役世代の子どものいる世帯の貧困率					
		計	ふたり親世帯			ひとり親世帯	
			就労者なし	1人が就労	2人以上が就労	非就労	就労
日本	14.2	12.2	37.8	11.0	9.5	52.5	54.6
ルクセンブルク	13.4	12.2	40.6	17.2	4.9	81.7	47.6
アメリカ	21.6	18.7	84.1	30.6	6.6	91.5	35.8
メキシコ	25.8	22.2	68.7	34.7	11.2	48.2	31.6
エストニア	12.1	21.2	64.0	16.4	5.1	59.1	30.6
イスラエル	26.6	22.5	86.4	37.5	3.6	81.1	29.6
カナダ	15.1	13.0	73.7	27.5	4.9	84.9	29.3
トルコ	23.5	19.3	25.8	20.0	16.1	44.5	28.3
スペイン	17.7	16.2	88.8	29.3	5.2	68.8	26.7
オーストリア	7.9	7.2	31.8	16.0	1.9	57.9	25.9
アイスランド	5.7	..	100.0	19.1	1.9	..	24.7
オランダ	9.7	7.8	64.7	14.6	1.9	57.9	23.8
イタリア	15.3	14.0	79.3	22.5	2.7	87.6	22.8
ハンガリー	7.2	6.4	9.6	6.5	3.1	30.8	21.3
スロベニア	7.2	6.4	63.0	33.6	2.7	77.7	20.8
ポーランド	14.5	12.5	52.2	26.9	4.3	79.0	20.4
韓国	10.3	8.6	37.5	9.5	5.3	23.1	19.7
ベルギー	11.3	9.9	70.0	16.1	0.9	68.3	17.5
スロヴァキア共和国	10.1	8.9	83.6	21.6	2.5	69.0	17.1
オーストラリア	14.0	11.6	68.0	13.5	1.0	74.7	16.8
フランス	9.3	7.4	21.8	10.5	2.3	45.7	16.5
チェコ共和国	8.4	7.2	84.9	7.3	1.9	84.1	15.7
ニュージーランド	12.2	9.6	68.6	9.3	1.0	75.7	14.0
ギリシャ	12.1	11.6	37.3	21.8	5.3	81.5	12.3
ドイツ	8.3	7.6	23.2	3.7	0.6	46.2	11.6
スウェーデン	7.0	6.0	46.0	18.5	1.4	54.5	11.0
アイルランド	11.4	9.7	21.8	9.0	1.2	62.4	10.8
チリ	22.4	12.4	56.8	15.5	2.1	65.1	9.4
フィンランド	5.4	4.7	49.2	13.4	1.4	49.0	8.6
イギリス	12.5	11.2	31.5	9.7	1.4	47.8	6.7
ノルウェー	5.5	4.6	45.4	7.3	0.2	42.5	5.9
デンマーク	3.7	2.9	29.2	7.8	0.6	33.9	5.1
スイス	9.6	8.3	7.0	..	..	29.6	..
ポルトガル	16.7	..	..	..	..	..	..
OECD平均	12.6	11.1	53.1	17.1	3.7	61.1	21.3

注：日本のデータは2006年、デンマークとハンガリーは2007年、チリは2009年
貧困率は、総人口の可処分所得の中央値の50%で設定

出所：OECD Income distribution questionnaire, version January 2012
http://www.oecd.org/social/family/oecdfamilydatabase.htm（2013年4月1日閲覧）
をもとに筆者作成

資料 10

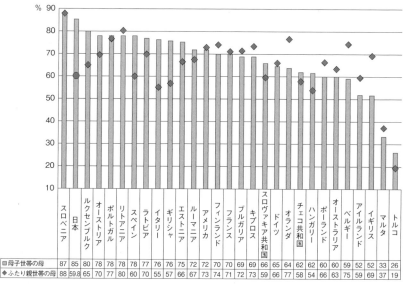

母子世帯の母・ふたり親世帯の母の就業率：15－64歳（2008年）

注：日本のふたり親世帯の母の欄の数値は、原票には記載がなく、労働力調査（総務省）より15－64歳の女性の就業率を加筆したものである。

出所：http://www.oecd.org/social/family/oecdfamilydatabase.htm（2013年4月1日閲覧）をもとに筆者作成

があまり高くない国でそのような状況にある、という意味で、日本はとても特異な位置にあります。

　次に、**資料11**をご覧ください。これは1990年代の10年間について、日本のシングルマザーの就労率の変化を見ています。いちばん高いところを推移している線が母子世帯の母親の就労率、その下が、子どものいる世帯の女性（妻）の就労率です。70年代も80年代もそうなのですが、このように一貫してシングルマザーは8割を超えて働いてきました。「日本再興戦略 改訂2014」では、2020年に女性の就労率を現在の68％から73％にしたいと言っていますが、シングルマザーの就労率は、この目標にとうに到達しているのです。そういう女性たちの自助努力の姿が、このグラフに表れているんです。ですから、「この先、なにをどう

資料11

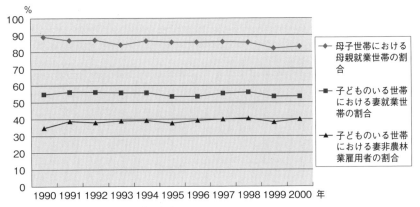

出所:「国民生活基礎調査」より筆者作成

資料12

母子世帯の母の学歴階層別統計(就業・年収・養育費・児童扶養手当・生活保護)

| | N (100%) | 就業率 | | 従業上の地位 | | | | 不就業率 | | 平均年間収入 | | 養育費 | | | 児童扶養手当受給率 | 生活保護受給率 |
| | | | | 正規の職員/従業員 | | 派遣・パート・アルバイト等 | | | | | | | | | | |
		母子世帯になる前	現在	母子世帯前	現在	母子世帯前	現在	母子世帯になる前	現在	就労収入	世帯の収入	取り決め率	現在受給率	受給経験なし率		
中学校	218	71.2%	70.7%	14.4%	19.7%	69.9%	71.1%	27.9%	24.2%	129万円	222万円	20.7%	6.7%	73.2%	81.7%	33.5%
高校	776	73.6%	82.0%	27.8%	37.1%	61.1%	57.1%	25.6%	13.8%	169万円	274万円	35.2%	17.6%	62.4%	79.2%	13.6%
専修・各種学校	226	78.8%	84.1%	38.2%	50.5%	45.5%	39.5%	21.2%	13.7%	201万円	319万円	38.8%	23.0%	59.6%	65.7%	8.7%
短大・高専	264	76.5%	83.7%	29.2%	44.8%	55.4%	44.8%	23.1%	12.5%	193万円	301万円	51.9%	28.4%	52.4%	67.0%	6.5%
大学・大学院	111	68.5%	85.6%	48.7%	52.6%	39.5%	28.4%	30.6%	11.7%	297万円	437万円	51.8%	34.9%	44.6%	49.1%	9.3%
その他	25	76.0%	72.0%	36.8%	44.4%	57.9%	55.6%	24.0%	24.0%	182万円	301万円	42.9%	28.6%	9.5%	68.0%	16.0%
学歴把握者計	1617	74.1%	81.1%	29.4%	39.6%	57.5%	52.0%	25.2%	15.0%	182万円	292万円	38.0%	20.0%	60.6%	73.4%	14.1%
総数	1648	73.7%	80.6%	29.5%	39.4%	57.4%	52.1%	25.4%	15.0%	181万円	291万円	37.7%	19.7%	60.7%	73.2%	14.4%

注:「総数」は、学歴が把握できた実数であり、学歴不詳を除いている。
「就業率」「不就業率」「養育費」は、不詳の値を含めた「総数」に占める割合である。
「正規の職員/従業員」「派遣・パート・アルバイト等」は、「現在就業している者」に占める割合である。
「生活保護受給率」「児童扶養手当受給率」は、不詳を除いた母集団に占める割合である。
出所:「平成23年度 全国母子世帯等調査の結果」厚生労働省をもとに筆者作成

輝けというのか」と思ってしまいます。

　資料12を見てください。さらに深刻なのは学歴による格差で、これは学歴別に見たシングルマザーの状況です。中学校卒のシングルマザーの平均の年間就労収入は129万円です。シングルマザー全体でも厳しいのですが、学歴による格差も深刻です。養育費の受給率にも学歴差があります。総じて、①雇用の非正規化が進み、②所得再分配が機能せず、

③私的扶養である養育費の受給率も低く、④生活保護の捕捉率も低い、といった複合的な要因の中で、シングルマザーの厳しい状況が持続しています。しかしながら、近年、男性のワーキング・プアが社会問題化されるまでは、長い間、こうした女性たちのワーキング・プアの実態は社会問題化してこなかったのです。

　では、政策はどうなっているのでしょうか。貧困率は政策の関与によってある程度下げるようにすることはできるのであって、実際にその効果があがっている国もたくさんあるわけです。しかし日本は、政策によって貧困がつくり出されている、そういう側面があるととらえることもできます。福祉国家の維持が難しくなってくる中で、多くの国が、福祉国家の再編の方策としてワークフェア政策を取り入れるようになりました。「福祉から就労へ」というワークフェアの潮流のなか、所得保障から労働政策への移行によって危機を乗り越えるという方策を、日本も取り入れました。シングルマザーに対する政策としては、2002年に「母子家庭等自立支援対策大綱」をつくり、これまでの所得保障を重視する政策から、就労による自立を促進する政策に転換する、としたのです。しかし、日本のシングルマザーは、それまでもずっと働いてきたワーキング・プア層であるわけで、所得保障自体が重視されてきたともいえないのではないか、という疑問があります。

　2002年改革の一環として、2008年にはひとり親家庭に支給される児童扶養手当の一部支給停止措置が導入されました。5年間引き続き児童扶養手当を受けていた場合で、働いているか求職活動をしているなどの条件を満たさず、就業意欲が見られないという人については、一部支給停止措置として、手当を2分の1まで減額できるという規定を入れました。児童扶養手当法のなかに、「自立を図るために、正当な理由なく求職活動をしなかったときには、支給を一部停止する」という規定を新設したのです。児童扶養手当というのは社会手当で、児童手当と同じ性質のものであって、生活保護制度のような公的扶助ではありません。です

資料13

母子及び寡婦福祉法

年次	1952年制定時	1964年改正	1981年改正	2002年改正
目的 第1条	この法律は、配偶者のない女子であって現に児童を扶養している者に対し、資金の貸付を行う等により、その*経済的自立の助成と生活意欲の助長*を図り、あわせてその扶養している児童の福祉を増進することを目的とする。	この法律は、母子家庭の福祉に関する原理を明らかにするとともに、母子家庭に対し、その生活の安定と向上のために必要な措置を講じ、もって母子家庭の福祉を図ることを目的とする。	この法律は、母子家庭及び寡婦の福祉に関する原理を明らかにするとともに、母子家庭及び寡婦に対し、その生活の安定と向上のために必要な措置を講じ、もって母子家庭及び寡婦の福祉を図ることを目的とする。	この法律は、母子家庭等及び寡婦の福祉に関する原理を明らかにするとともに、母子家庭等及び寡婦に対し、その生活の安定と向上のために必要な措置を講じ、もって母子家庭等及び寡婦の福祉を図ることを目的とする。
基本理念 第2条		すべて母子家庭には、児童が、そのおかれている環境にかかわらず、心身ともにすこやかに育成されるために必要な条件と、その母の健康で文化的な生活とが保障されるものとする。	すべて母子家庭には、児童が、そのおかれている環境にかかわらず、心身ともにすこやかに育成されるために必要な諸条件と、その母の健康で文化的な生活とが保障されるものとする。(2項略)	すべて母子家庭等には、児童が、その置かれている環境にかかわらず、心身ともに健やかに育成されるために必要な諸条件と、その母等の健康で文化的な生活が保障されるものとする。(2項略)
自立への努力 第4条		母子家庭の母は、*みずからすすんでその自立を図*り、家庭生活の安定と向上に努めなければならない。	母子家庭の母及び寡婦は、自らすすんでその自立を図り、家庭生活の安定と向上に努めなければならない。	母子家庭の母及び寡婦は、自ら進んでその自立を図り、家庭生活及び*職業生活の*安定と向上に努めなければならない。

児童扶養手当法

年次	1961年制定当時	1985年改正	2002年改正
目的 第1条	この法律は、*国が*、父と生計を同じくしていない児童について児童扶養手当を支給することにより、*児童の福祉の増進*を図ることを目的とする。	この法律は、父と生計を同じくしていない児童が育成される*家庭の生活の安定と自立の促進*に寄与するため、当該児童について児童扶養手当を支給し、もって児童の福祉の増進を図ることを目的とする。	
趣旨 第2条	児童扶養手当は、児童の心身の健やかな成長に寄与することを趣旨として支給されるものであつて、その支給を受けた者は、これをその趣旨に従つて用いなければならない。	※2項を追加 2 児童扶養手当の支給は、婚姻を解消した父等が児童に対して履行すべき扶養義務の程度又は内容を変更するものではない。	※2項を追加 2 児童扶養手当の支給を受けた母は、*自ら進んでその自立を図り*、家庭の生活の安定と向上に努めなければならない。

注) 1952年：母子福祉資金の貸付等に関する法律、1964年：母子福祉法、1981年・2002年：母子及び寡婦福祉法 より筆者作成

から、このような厳しい規定を入れたということは、社会手当である児童扶養当を生活保護のような制度に変質させる動きだととらえられます。しかも、85%ぐらいのシングルマザーが働いているという状況があるにもかかわらず、「就業意欲がない」と、だれがどう判定するのでしょうか。これは当事者の方も「懲罰的だ」「本当に悔しい」とおっしゃっています そこで、資料13をご覧ください。これは、母子及び寡婦福祉法と児童扶養手当法の規定の変遷を見たものです。下線部分が変更さ

れた部分です。ここで注目したいのは、母子及び寡婦福祉法（現在は、母子及び父子並びに寡婦福祉法）の第4条に規定されている「自立への努力」規定です。つまり、「自ら進んでその自立を図り、家庭生活及び職業生活の安定と向上に努めなければならない」と規定されており、児童扶養手当法にもほぼ同様の文言があります。子育て世帯が対象である児童手当には、自立への努力義務は規定されていません。専業主婦にはむしろ子どもとともにいることが推奨される風潮があるなかで、母子家庭の母親においては自立への努力義務が課されるという流れが、今日さらに強まっているという状況です。

　このような状況をどうとらえたらいいのかと考えたときに、明らかに家族の序列化というものが政策的につくられていると思うのです。同じ母親であっても、扶養の位置にある女性、つまり夫がいて、母であり、扶養される女性は、むしろ働くことよりも母性規範を強調されて、「家にいたほうがいい」というまなざしさえ向けられる。一方、夫がおらず、扶養されていない女性は、法的に自立への努力義務があり、就労状況にない場合の懲罰的な規定まで入れられました。これは、まったくもって「子どもの福祉」とは言えない政策だと思います。そして、こうした家族の序列化の最も中核にあるのが、非婚のシングルマザーへの負のサンクションです。

　そういうことを考えたときに、「家族への自由」とか「家族からの自由」というものが、この国において保障されているのか、ということが問われているのではないでしょうか。つまり、個人として生きるということはもちろん当たり前のことで、それは人間の尊厳なのですが、そのうえで、なおかつ「家族への自由」や「家族からの自由」というものも、個人の尊厳というものは包含しているのではないかと考えるわけです。けれども、**資料14**からは、いまだもって結婚制度というものが女性にとって生活保障制度として機能しているような現実が、端的に見てとれます。結婚相手に求める条件が「収入などの経済力」であるという割合

資料14

結婚相手に求める条件「収入などの経済力」

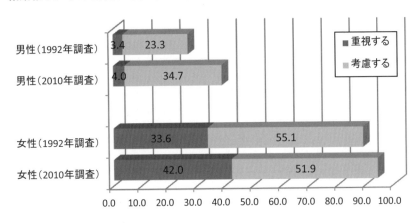

結婚相手に求める条件「職業」

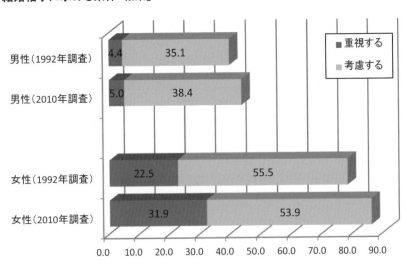

出所:「出生動向基本調査—結婚と出産に関する全国調査」(国立社会保障・人口問題研究所)の独身者調査票にある「あなたは結婚相手を決めるとき、次の項目についてどの程度重視しますか」という設問に対する回答の一部より筆者作成

が、女性と男性でこれほど大きく違うということが、一目でわかります。また、「家族からの自由」という点においては、ようやく2001年にDV防止法ができ、暴力からの自由が法的に保障されるようになりました。しかし一方で、さきほど言ったように2002年には、「家を出てしまったら生きていけないよ」とでも言わんばかりに母子および寡婦福祉法の改正が行われ、児童扶養手当は抑制されることになっていったわけです。そうした政策矛盾の中に、女性たちは置かれてきました。

　そしていま、女性が輝く社会に向けて取り組んでいくということですけれども、労働者派遣法改正の問題をはじめ雇用政策のさらなる変質が浮上しています。派遣の仕事だけで生計をたてるシングルマザーは、この先どうやって生きていくことができるのでしょうか。

　結論としては、女性が輝く政策パッケージをつくるのであれば、あらゆる政策レベルでジェンダー平等を徹底するパッケージを組んでほしいと思います。まず一つは、家族制度です。夫婦別姓に向けた民法改正も実現しないこの日本の社会では、家族制度というものが、私的領域におけるジェンダー不平等を固定化しています。そして公的領域では、雇用、政治システムが女性を排除したり、コントロールしたりしています。さらに公私を貫いた領域で、女性を従属させ、蔑視し、貶める、性の商品化が、女性をコントロールしています。このような現実は、「女性への構造的暴力」ととらえなければなりません。

　女性への構造的暴力をいかに解体できるのかという観点から政策パッケージを検討し、いかに女性の尊厳を保持できる社会をつくるのか。それこそが、女性が輝く社会に向けて必要な作業であると考えています。
西村——ありがとうございました。

●日本型労働をどう変えるのか

西村——皆さんから報告をいただきましたので、さらにそこから、安倍政権の掲げる政策について掘り下げていただきたいと思います。

西村美香（にしむら　みか）
成蹊大学法学部教授
東京大学法学部卒業、東京大学大学院法学政治学研究科修了。東京大学法学部助手、(財)行政管理研究センター調査員、成蹊大学法学部専任講師、同助教授を経て、2005年4月より現職。著書に『日本の公務員給与政策』（東京大学出版会）。

　基調講演においても、パネリストの方々の報告においても、伝統的な役割分担意識の下で、育児や介護といったものを抱え込まなければならない女性は、家の外での長時間労働には耐えられないため、非正規雇用というかたちで労働市場に入ってこざるを得ない、そしてそこでは働いても働いても食べていけないという、貧困の問題も抱えているというお話がありました。

　また、幸いなことに正規雇用というかたちで職に就くことができたとしても、仕事を続けることは非常に難しい状況だとも言われています。マタハラの裁判などもありましたように、不本意ながらクビを切られたり、疲労困憊して自ら辞めてしまったり、また、同じように働きながら正当な評価を受けられず、その結果、昇給や昇進が遅れてしまったりする、と。まして、幹部となりうるような人材が育成されるところまでには至っていない、というような現状が、今日のお話から見えてきたと思います。

　ある種特殊な日本型の長時間労働に乗っかることができた人は、それなりに分配にあずかることができるけれども、そこに乗っかれなかった人は、分配してもらえないという、非常に不公平な仕組みができあがっているわけですね。こうした意識、仕組みを変えていこうと考えたときに、なにをしていけばいいのか。安倍政権の掲げる「女性の活躍推進」の政策で、本当にこういった問題に切り込んでいけるのか。ご報告の中ですでに触れていただいた方もいらっしゃいますが、あらためて、どういう点が虚実なのかということについて、補足していただきたいと思い

ます。

　併せて、こうした問題は、国レベルだけではなくて、自分たちの生活の現場、自治体において、どういう取り組みをしていくのかが非常に重要だと思われます。自治体というレベルでどのようなことに取り組んでいくべきなのか、さらには国や自治体以外に、そもそもどういう仕組み、取り組みが必要なのか、お伺いしたいと思います。ご報告いただいた順番で、お話しいただければと思います。

海老原――私はリアリストであり、しかも左右どちらも関係ない人間なので率直に言わせてもらいますが、能力アップしたら給与が上がるという概念が、日本的で、ちょっと私にはわからないんですね。上のポストに上がらない限り給与は上がらない、これが世界共通であり、基本になるべきです。同一職務なら同一賃金ですから、上に違う職務のポストがあって、そのポストが空いて、そこに任用されてはじめて給与が上がる、と。欧米型ポスト雇用、職務主義の世界では、この考え方はどこでも通用します。職務能力は上がっても、上がるポストがなければ、給与はそのままで上がらない。ですから、給与が上がらない人は非常に多いのです。

　皆さんがおっしゃっていることを聞いておりますと、非正規の人たちが実力アップして、給与がどんどん上がっていくというのは、日本型の属人給の世界のイメージではないかと思うのです。日本型労働をある面肯定して、そういった総合職的な「同一ポストでも、能力次第で給与も上がる仕組み」を温存するという話にも聞こえてしまうんです。

　いまは賃金単価が安すぎますから、それを上げるというのはわかります。賃金単価を上げて、非正規でも350万ぐらいもらえる社会になる。非正規ではなくなったうえで非正規と同じ仕事をしていても、350万ぐらいもらえる。無期雇用になって、勝手にクビを切られることもない。ここまではわかるのですが、能力アップして600万、800万と上がっていくというのは、欧米でも一部のエリートにしかあてはまらないという

のが、私の見立てです。

　つまり、ある面で日本型労働へのあこがれが残っているのではないかと思うのです。日本型のいい部分だけを取って、欧米型にしようというイメージだと上手くいかないのではないかという気がしてしまうんです。そこは割り切らないといけません。日本型の正社員は守られていて、給与が上がっていきます。つまり職能等級というもので、スキルアップすると給与が上がる、本当にスキルアップしているのかどうかわからないのに、給与が上がるわけです。残業代も支給される。そうやって中小企業でも660万とかもらっていますし、賃金構造基本統計調査で大企業を見ると、50歳の平社員でも840万ぐらいもらっています。

　こういう社会は、非正規雇用で、200万、300万で止まっている人から見るとうらやましいかもしれません。そこの部分を良しとして切り取って、非正規の待遇アップにあてはめたとして、350万、400万ともらえるようになるかもしれませんが、いまの正社員のような、頑張っていれば600万、800万ともらえるようになる社会との両立は無理だろうと、私は見ています。

東海林──いまおっしゃったことはよくわかります。そのとおりだと思います。前提としておっしゃったように、非正規の賃金が低すぎるという問題がありますね。それから、日本型の問題として、賃金の決まり方の問題があると思います。日本の正社員の場合、ジョブで賃金は決まりませんが、やっぱりジョブによって賃金が決まるかたちに変えていかなくてはいけない。年功で決まっていくこと、年を取っていけば自然に600万、800万ともらえるようになることに関しても、私も問題がないとは思いません。ただ、ジョブの内容自体がきちんと決まっていなくて、好きなように使われているという、いまの正社員の現実もあります。

海老原──あります、そこも問題があると思います。

東海林──そこを変えていかなくてはいけませんよね。ごちゃまぜにして議論できない部分があると思うので、そのことをあえて言いたかった

のです。

海老原──そのことに関して、少し付け加えさせてください。ただし、そこで問題なのは、企業の人事慣行ですから、法律ではどうしようもないんですよね。法律で唯一できるのは、職務パッケージで給与を決めて、残業代も出ないけれども成果主義になるという、エグゼンプションがかなり使えるのです。エグゼンプションをやるのなら職務内容で給与を決めなさい、といった法律はつくれますが、企業の人事慣行に立ち入ることはできないのです。

東海林──そうだと思います。ですからまさしくいまの話で言うと、限定正社員制度も、ジョブ内容で賃金が決まるかたちであって、はじめて成り立つ制度だと思いませんか。

海老原──思います。その代わり、今度は働く人も結構大変になりますよ。ポストがなくなったら、「さようなら」ですから。

●「職務」の考え方と限定正社員制度

鴨──私は、さきほども言ったように、日本型雇用を体現している正社員の働き方がいいとは思っていません。派遣は正社員になりたかったが正社員の仕事がなく派遣を選択したという人が多いので、いまの働き方を変えるために「正社員になりたい」と言いますが、パートの人たちに「正社員になりたいですか」と聞くと、50％が「あんな働き方はできない」と言うんです。それはそうだと思うのです。パートの人たちは、自分のライフスタイルからいって、短時間で働くということも一つの選択肢としてあってほしいわけです。

そういう点から見ても、さきほど来、均等待遇をしつこく言っているように、均等待遇をきちんと入れていかなければ、「非正規か正社員か」だけになってしまうのではないかと思います。

その意味で、限定正社員制度というのはまさに日本型で、「地域限定、業務限定、労働時間限定」の働き方だから、賃金が低くても雇用が不安

定でも当たり前とされてきたことを、なぜか今度はそのまま正社員のコースの中に入れようとしていると思うのです。

　もっと言うならば、地域限定、業務限定、労働時間限定という働き方が、なぜ賃金の格差の合理性にされるのか。これについて、具体的な根拠はまったくないのではないかと思うのです。ないにもかかわらず、これだけが絶えず格差の根拠にされています。パートタイム労働法が然りです。パートタイム労働法も労働契約法も、改正により、均等待遇の原則の適用要件は考慮要素へと緩和されました。緩和はされましたけれども、考慮要素に「職務の内容が正社員と同一」「人材活用の仕組みが正社員と同一」というのが入っています。「人材活用の仕組み」というのはまさに異動や配転のことですから、日本型雇用の考え方がそのまま入り込んでいるんです。地域限定、業務限定、労働時間限定の働き方だと、なぜ賃金格差があって当たり前とされるのかということを、見直していかなければいけないのではないかと思います。

西村——いまの話を伺っていて思ったのですが、日本においてはジョブ、つまり職務自体が、非常に特殊な意味を持っているのではないかと思うんです。日本ではOJTが人材育成の基本になっていることが多いため、仕事のノウハウは職場に長時間いるほうがたくさん身につき、地域を限定せずいろいろなところで経験を積めば、それだけ多様な職務知識を修得できると考えられています。職務知識だけではありません。人脈に関しても然りです。職務知識と人脈が職場にくっついている状況で職務に着目したとしても、転勤や長時間労働がOKな正規雇用を非正規雇用や地域限定雇用より優遇する現状から抜け出せないのではないかと思います。

海老原——でも、欧米は職務限定、地域限定、賃金固定、それが普通です。ただ、賃金は日本の非正規よりもちょっと高いのですが、出世できずに終わる人が非常に多い。一部のエリートは、職務も地域も限定はされているのですが、事実上は限定されていないようなもので、給与がぐ

んぐん上がっていきます。日本のベースでは、正社員が欧米のエリートと同じかたちになっているのです。ただ、欧米のエリートほど給与は上がらない。ちょうど中間ぐらいのマイルドなもの、わけのわからないものになっているから、そろそろそこは頭を冷やして考えなければいけないのではないかと思うのです。

　つまり、職務も、地域も、賃金も限定されているものがジョブなのです。それが世界の標準なのに、日本はそうなっていない。そうなっていないから、正社員のようにボーナスをもらえて給与が上がるのがいいという話になってしまうのですが、それは世界の標準から見たら成り立たない、という話なんです。

東海林——それはまったく同意見です。ですから、ジョブで賃金がきっちり決まっていくかたちというのは、やっぱり必要だと思います。限定正社員に関して言いますと、例えば2014年の4月から、郵便局が新一般職というかたちで取り入れたわけです。年収は460万で頭打ちなんですね。生涯最高年収が460万で、地域・職務限定で募集が始まりました。職務内容はわりとはっきりしています。私の田舎にいる親戚の高校3年生の子が、それに応募して内定をもらって、来春から働くことになったんです。460万で頭打ちだということを、ちょっとやさしく説明してあげました（笑）。「働く地域も、仕事の中身も決まっていて、『家を守りたい』という希望は叶うだろうね。でも年収460万だと、子どもができた場合、大学とか大変だよね」と。その子の母親にそれを言ったら、「いや、職場で同じ限定正社員と結婚すれば、二人合わせて1000万になるでしょう」と言いました。

海老原——そういうことなんです。欧米はそうなんですよ。

東海林——それなら田舎では十分に暮らしていけるし、子どもも大学に行かせてあげられる、という話なんですね。

海老原——残業もない。

東海林——そうです。ですから、それはそれでいいと思うんです。ただ

し、さきほど言ったように、ジョブ型給与というのは、まだ全体的に広がっていないですし、まさしく女性が同じように働けなければ、そのレベルに行かないわけです。そうした意味でも、きちんと職務を明確にして働くという道はもちろんあるべきだと思うんです。今回の安倍政権の政策を見ていると、そういう方向への働きかけがまったくないというのが、正直な感想です。

鴨——ちょっと話がずれるかもしれませんが、限定正社員に関して言いますと、確かに賃金のことだけで言えば、非正規よりも待遇が少しよくなるかもしれません。しかし、この働き方は、もう一方では、解雇の規制も同時に緩和すると言われています。「地域限定、業務限定の仕事がなくなったら辞める」ということとイコールの契約であるとも言われているのです。地域限定の仕事がなくなってしまい、「辞めてください」と言われて、それに対しておかしいと思ってもなにも言えない。そういうことも、一方ではついてくるんです。

そうすると、いままで私たち労働組合は「解雇には合理的、客観的理由が必要である」とか「整理解雇の合理性」ということで、ずっと活動してきたわけですけれども、限定正社員という制度は、地域限定、業務限定の契約を結ぶだけで、そうした経緯もなにもなくなってしまうという危険性をはらんでいるのではないかと思っております。

有期契約の人たちがずっと問題にしているのは、何年働いても、何回更新を繰り返してきても、最終的に契約しない、更新しないとなった場合、「契約満了に何の理由が必要ですか」というのが、企業の言い方になる。裁判においても、契約の概念というのは、どんなに労働者が会社との力関係では弱くても、「結びたくない」と思っていたとしても、「あなたが結んだのでしょう」というのが法律の解釈になっていますから、有期契約の問題で、高裁、最高裁で勝つことが、ほとんどないんです。

そういうことも考えたときに、この限定正社員は、非正規労働者の賃金アップということで、一つのステップをのぼる策であるというとらえ

方もあるのですが、一方で、危険性も同時に持っている策であり、そのまま受け入れていいのか、まだ疑問はかなりあるのではないかと思います。

海老原——逆に、私が聞きたいのはそこなのです。職務限定の雇用で、職務がなくなったから「さようなら」、これは労働法的なリーズナブルさで、欧米でもそのとおりです。任意解雇で、気に入らないから「さようなら」ということはできないはずです。しかし、任意解雇ではなく、仕事がなくなったときには、大人びた関係で、欧米の場合は「さようなら」が基本になる。ただ、あまりにも冷たく「さようなら」ではいけないので、空いている仕事でやりたい仕事がないかを聞く、再教育するような機関に何カ月間か通わせる、といった附則はついていますが、それは努力義務です。結局は、職務で雇用されている限り、欧州だって雇用は守られていません。

　日本の場合、どうして総合職がクビを切られないのかというと、身分で契約を結んでいるので、職務がなくなったからといってクビを切れないのです。これが、労働法のもともとの問題ではないですか。職務限定、ポスト限定の契約で、にもかかわらず、仕事がなくなったのに会社にいるということはあり得ない。つまり、それはやっぱり日本型のいいところと欧米型のいいところを合わせるという話になってしまうんですよね。どちらかをとるしかない。ポストで雇うのなら、ポストがなくなったら「さようなら」。日本型で、身分で契約するのなら、週48時間だろうが60時間だろうが働け、その分、ポストが変わらなくても給与を上げてやっているんだから、と。このどちらかなのではないですか。

東海林——そのとおりだと思います。ただ、日本でいま限定正社員制度がどういうかたちで持ち出されているかというと、さきほども言いましたように、日本ではジョブ型の賃金というものが確立されていないわけです。確立されていれば、仕事がなくなってクビになったとしても、自分のジョブができる別のところに移ればいいわけですよね。でも、現状

はそうなっていないですよね。

海老原——それに関して、例えばジョブ型はどれほど厳しいものなのかというお話もしておきますと、欧州でもアメリカでも、ポスト限定雇用なんです。例えばトヨペットに入って、営業２課でカローラを売っている人は、異動して営業１課のクラウンに勝手に移されることさえないのです。アベノミクス効果でお金のある人が増えたからクラウンが売れている、カローラが売れない、といったときに、カローラが売れないので「さようなら」。基本方針はこれです。こういうものなんです。日本で本当にそういう仕組みにできるのか。日本の総合職ならば、カローラからクラウンに移ることは非常に簡単になります。向こうの雇用というのは、ジョブではなくポストなんです。

　もう一つお話ししておきたいのですが、現状は職務限定ではないというけれども、例えば、日本でも非正規は、職務限定以上のポスト限定になっているケースが結構多いと思います。大きなスーパーなどで働くときに、レジもやり、魚売り場にも行き、寿司も握る、といった契約にはなっていないですね。魚売り場のどのポジションで魚を売る、となっていて、簡単に魚売り場からレジには移せません。店舗で雇っているわけではないから。これもポスト雇用なんです。だから、魚売り場が縮小したら、基本はそこで雇用終了。つまり、雇用が不安定という問題があるのです。一社での保障ではなく、クビになったときに、訓練機関に何カ月通えるとか、補償がいくらもらえるとか、そういう保障が必要ですが、日本はここが弱いことが問題だと、私は思っています。

鴨——私は、ちょっと違うと思うんです。職務という考え方に関して、非正規が同一価値労働同一賃金を求めて「職務で仕事をはかってほしい」と言ったときの職務と、いま海老原さんがおっしゃっている職務とでは、ちょっと違っていると思うんですね。

　例えば、いまスーパーの魚屋さんの話が出ました。パート労働法を改正するときに、私も審議会にいたのですが、その点が非常に議論になっ

たのです。なにがどう議論になったのかと言いますと、例えば、パートは確かに、魚屋さんなら魚屋さんと限定して働きます。そこでずっと同じ仕事をしております。そうすると、当然スキルもアップします。お客様との関係とか、そういったものもアップしてきますね。そこに、正社員の方が割り振られて来るとします。そのときに、同じ仕事をしている正社員とパート労働者のあいだには、100 対 50 の格差があるのです。パートが正社員に仕事を教えても、100 対 50 の格差がある。「これはおかしいでしょう？」というのが、私が主張したいことなんです。

海老原──そのとおりだと思います。

鴨──正社員の方たちは、スーパーの中であれば、魚屋だけではなく、野菜売り場や肉屋にも行って、どんどん人材育成されていく、と。正社員はもともとそういう位置づけで雇われているのだから、正社員とパートの格差には合理性があるというのが、企業の言い方なんです。企業は、オールマイティーを求めている正社員とただそこだけにいるパートでは、格差があって当たり前、と言っているのです。

海老原──そこが低すぎるのが、問題なんですよね。

鴨──同じ仕事をしているということから言ったら、低すぎると思うのです。ですから、職務というものを、もう一度私たちは見直さなければいけないのではないかと思っているんです。

海老原──おっしゃるとおりだと思います。ただ、企業側もそこは上手く頭を使っていて、人事管理では「垂直分業」と「水平分業」という言葉があります。例えば、事務職は派遣ばかり、営業職は正社員ばかりというかたちで、職務を分けるのが水平分業です。垂直分業というのは、例えば、店長は正社員で、いわゆる売り子さんは非正規というかたちにして、同一職務に違う雇用形態が重ならないようにどんどん配慮してしまって、結果、さきほどおっしゃったような差別が出てくる。そして、安い賃金が温存されている。どちらにしても安い賃金を上げなければいけないということが、主体なのではないかと思うのです。

●**根本的な改革に向けて、なにが求められているのか**

西村——ジョブやポストを限定されている地域限定正社員や非正規雇用は、身分契約ともいえる正規雇用と同じ職務に携わったとしても賃金が低く雇用保障も緩い、その差は、垂直・水平分業という言葉が出ましたが、正規雇用が全く異なるキャリアを歩んでいることで正当化されているということですけれども、こうした巧妙に仕組まれた日本型雇用の罠から抜け出すためにどうしたらいいのか、ということですね。女性の活躍が実現するために、それこそ「SHINE」が「死ね」になるのではなくて本当の意味で輝いていただくために、現在の雇用制度や慣行をどう変えていけばいいのか。

湯澤——少し違う視点から、お話しさせていただいてよろしいでしょうか。最初の報告で触れられなかった点なのですが、資料15をご覧ください。「開発と女性」といった領域でよく引用されるジェンダー・ニーズについてです。あるニーズを計画化・政策化していくときに、キャロライン・モーザが類型化した「戦略的ジェンダー・ニーズ」と「実際的ジェンダー・ニーズ」という類型があります。このような類型は、いまの政策のつくられ方がどのような性質のものであるのか、を検討するのに有効であると考えられます。例えば、DV対策として、暴力を振るわれた女性を2週間シェルターに一時保護しましょう、といった方策は、日々の暮らしの中で困っている女性の実際的ジェンダー・ニーズを満たすということになりますね。しかし、根本的には暴力がない社会を構築しなければならず、DV罪の創設や非暴力教育や加害者対策の強化を図らなければ被害は減少しないのです。けれども、現在の日本のDV政策は、そういう戦略的ジェンダー・ニーズを満たすような政策体系にはなっていません。同様のことが、非常に多いと思うのです。ここで言う「戦略的」とは、資料15にもありますように、ジェンダーによる不平等や女性の従属的な地位を克服し、平等を達成することを目標にする、というようなとらえ方です。

資料15

ジェンダー・ニーズの類型と内容

類型	内容
戦略的ジェンダー・ニーズ	社会のなかで、女性が男性に従属する立場にあるために生まれたニーズ ジェンダー・ニーズを満たすとは、ジェンダーによる不平等や女性の従属的な地位を克服し、平等を達成すること
実際的ジェンダー・ニーズ	女性が日々経験している具体的な現場から生じ、女性が社会的に受け入れている役割を通して気づくニーズ 女性解放やジェンダー平等という戦略的な目標を伴わず、女性の従属という構造に対し、直接的に挑戦するものではない

出所：Moser, Caroline O. N. 1993, *Gender Planning and Development: Theory, Practice and Training* Rutledge.（＝久保田賢一・久保田真弓訳『ジェンダー・開発・NGO』1996年、新評論）より筆者作成

　いま議論されている「女性の活躍推進」といった文脈は、実際的ジェンダー・ニーズを活用して女性たちをコントロールしていくような性質を持っているのではないかと危惧しています。

　少し抽象的な話になりますけれども、この日本の社会において、いまの複雑な雇用政策の操り方も然り、家族制度の操り方も然り、さまざまなかたちで、DVと同じような状況が存在しているのではないかと思うのです。DVの本質は「力によるコントロールと支配」と言われていますが、同様に、政策的なパワーを持っている側が女性全体をコントロールしているような状況があるのではないか。それを構造的な暴力としてとらえなければいけないのではないかと考えています。女性に対するコントロールという意味では、配偶者控除をどうするのかという議論をはじめ、女性の分断をどう超えていくのかを考えなければなりません。

　雇用と社会保障・社会福祉との関係をどう定立していくのかということも、併せて議論しなくてはいけないと思います。「ウェルフェア・ツー・ワーク（welfare to work）」という考え方は、いまの日本の実情では、人々の生活の安定には寄与しないということは、もう目に見えています。日本の現状に必要なのは、ワークを支えるウェルフェアであって、ワー

クもウェルフェアも両方必要だと思うのです。

　にもかかわらず、実際には、生活保護基準が切り下げられて低所得世帯は大変になっていますし、それについては議論されないままに、さらに雇用の規制緩和が進んでいます。そのような現状を放置した中で、女性が輝く社会という議論が進行しています。根本的に戦略的ジェンダー・ニーズを満たすという方向で、議論を進めていかなければいけないと思っています。

西村——ジェンダーの問題には経済活動におけるさまざまな矛盾が集約されているだけに、女性だけでなく社会全体の問題として考えていかなければいけません。今お話にありました戦略的ジェンダー・ニーズを満たすということも、日本の雇用を社会全体の中で見直すことに繋がっているように思いますが、現状を根本的に変えるにあたって、なにが求められているのでしょうか。

海老原——繰り返し言っておりますように、私はまず日本型雇用から脱却しなければいけないと思っています。ただ、脱却したら、日本型社会は痛みも受けます。その痛みを、皆が理解しなければいけない。それから、痛みがいちばん少ない方法で脱却しなくてはいけません。いや、欧米社会にも痛みはあるんですよ。ですから、そこは欧米社会のようにはならないようにするという意味でも、痛みがいちばん少ない方法で上手く脱却するという方向を考えなければいけないと思います。グランドデザインとしては、そうなると思うんですね。

　それから意識の問題がありますけれども、明らかに、仕事と家事の両立に対する男性の意識が弱いですから、そこを突く仕組みをどんどんつくらなければいけません。女性のクオータだけでなく、パパ・クオータもどんどんやったほうがいいと思います。

鴨——私はずっと労働組合で活動してきましたが、やはり組合活動をやるということは、こういう時代にあって非常に大事な意義を持っていると思っております。ただ、労働組合があるということが、いまのさまざ

まな問題に対して機能しているのかと問われると、本当に残念ながら、自分が組合活動に携わっていても忸怩たる思いがずっとあります。さきほど来、日本型雇用のあり方が問われていますけれども、労働組合のあり方そのものが、まさにその典型というか、組合活動もその枠の中にあるわけです。非正規労働者については、同じ労働者である、同じ仲間であるという意識そのものが、なかなか現段階においてもつくれていないのが現実です。

　例えば、私どもはある大きなテーマパークで労働組合をつくりました。そこには2万人の従業員がいて、2,000人が正社員、1万8,000人が非正規と言われる人たちです。2,000人の正社員の労働組合はあります。しかし、1万8,000人の非正規の人たちには労働組合がなく、1万8,000人のうちの9,000人が、毎年入れ替わっているのが実態なのです。こういう実態があっても、正社員の労働組合が非正規の人たちに対して目を向けているのかというと、残念ながらそうはなっていないのが現実です。労働組合は、まずはここのところが変わっていかなければいけないと思います。労働組合が、正社員という働き方を守る、正社員の既得権を守るというところだけに立ってしまったら、いま安倍政権が提案している「女性の活躍推進」の政策に対しても、きっぱりと言うべきことは言う、というふうにはならないと思うのです。

　まずは職場の中で、隣で働いている人に対する想像力を持つべきだと思います。そこがまったく抜け落ちたまま、非正規のためになにかをやってあげるというような、そうした発想はやめるべきだと思います。

　そして労働組合は、自分たちの企業の中のことだけに目を向けるのではなく、法律の改正や整備に対しても目を向けるべきだと思います。さきほどから言っているように、私どもは労働者派遣法の改悪について「おかしい」と声をあげています。労働組合の組織率は18％にも届きません。特に非正規労働者の組織率は9.9％です。こうした中で、労働組合に入っていない圧倒的多数の労働者になにかがあったときに、労働者

はなにによって闘うのかと考えると、やはり法律が整備されていなければ、闘うことすらできなくなってしまうと思うのです。法律の改正、整備に、労働組合は積極的に取り組むべきです。

　また、労働組合の中にいると、法律の改正は国がやるべきであって、どうしても、国に対してものを言うかたちになっているんですね。私自身もそのように思っていました。しかし、今回の労働法の改悪について、各自治体から「労働法改悪に対する反対決議」があがりはじめています。こうした活動を、労働組合が自治体議員と一緒になってやるべきではないかと思うのです。なぜならば、労働者は地域においては納税者でもあります。その納税者の生活が困窮し、無年金労働者がどんどん増えていくという状況は、結果的には自治体の財政を圧迫し国の経済をも揺るがす、大変なことではないかと思うわけです。労働組合が労働組合の中だけに籠らずに、もっと社会的な労働運動を目指すときに来ているのではないかと思っています。

東海林——根本的に考え方から変えるにあたってなにが求められるのか、なかなか短く言うのは難しいですけれども、情緒的な言い方になりますが、やはり「人が働いている」ということが忘れられているような状況はよくない、そこは変えていかなければならないと思います。「人間が働いているんだ」ということ、これを考えてほしいという想いがあります。

　いま国会で、政策や考え方の違いを超えて、「非正規雇用対策議員連盟」の結成の動きがあります。自民党から公明党、共産党、社民党と、党派を超えて、非正規問題をなんとかすべく動いていこうという議員連盟です。いま準備会がつくられた段階ですね（編集部補注：2014年11月6日に発足）。日本の雇用が傷んでいる現状、「人が働いている」ということが忘れられている現状を危惧する方々が動いているのだと思います。

　今日のこのシンポジウムには地方議員の方々も来ていると聞きました

ので、ちょっと付け加えたいのですが、いま「公契約条例」というものがいくつかの自治体で制定されてきています。公契約の事業を委託した業者は、その自治体が定める賃金や労働条件を確保しなくてはいけない、ということが規定されています。竹信さんは、官製ワーキングプア研究会の理事でいらっしゃいますから、このあたりについて非常にお詳しいかと思います。

　この条例の背景として、行政においてアウトソーシングが広く行われている中で、さまざまな問題が起きているのです。例えば、実際にこんな話があります。市役所窓口での住民票発行業務を、アウトソーシングで請け負っている会社がありました。最初にその会社に雇われたとき、その人は時給1,200円で仕事をしていたんですね。けれども、毎年入札をやるので、次の年には、前年より低い札を入れた会社がその業務を落としました。すると、「仕事を続けたいのなら、その会社に移ってください」と言われたんです。要するに、その会社が新たに人を集めるわけではなく、以前からの労働者を引き継ぐわけです。会社だけが別会社に替わって、低い価格で落としたものですから、時給は1,100円になる。1年経ってキャリアもついて仕事も覚えているはずなのに、時給は下がる。それが毎年、繰り返される。そうするとなにが起きるかというと、限りなく最低賃金に近づくわけです。

　自治体は財政緊縮で大変なのもわかりますが、しかし低賃金の労働者を地域につくり出してしまうことは、結果的には、鴨さんもおっしゃったように、住民の暮らしを圧迫し、自治体の財政にはね返ってくるのではないかと思うのです。そういうことも考えたときに、やはりアウトソーシングがこれだけ広がっている中では、一定の規制をかけるような公契約条例というものをつくっていただきたい、まず行政から、人が人らしく働くために必要なお金をきちんと払うという姿勢を見せていただきたいと思います。こうしたアウトソーシングの事務系の仕事をしているのは圧倒的に女性が多いわけですから、その部分も考えていただきたい

と思います。

●女性管理職を増やしていくためには

西村──女性が活躍できるよう現状を根本的に変えるには、日本型雇用とそれを当然視してきた意識の改革も必要であること、アウトソーシングを推進している自治体も日本型雇用の矛盾に便乗して経費節減を図るのではなく、むしろ公契約条例などで低賃金や不当な労働条件を規制することが重要であるといったお話が出てきましたが、「女性の活躍推進」には女性の管理職を増やしていきたいと謳われ、管理職に占める女性の割合に数値目標も掲げられたりしています。これを達成しようとなると、相当大鉈を振るわなければいけないと思うのですが、どう大鉈を振るえばいいのか、まだ明確になっているとはいえません。管理職としての女性を育成し増やしていくためには、なにが必要だとお考えでしょうか。

海老原──私は、入口にクオータをつくることがまずいちばんだと思っています。入口クオータに関して、いま起きている現象をお話ししておきますと、大企業では全採用数の2割前後女性を採っている企業がどんどん増えています。なぜだと思いますか？　「ライフイベントコストがかかるから、女性は採りたくない」というのが企業の本音ながら、どうしてこういうことが起きているのか。これは、学歴社会だからなんですね。企業というのは、例えば、Sランク大学から何人、国公立で何人、理工系で何人、早慶上智まで入れて何人、というような採用評価をします。大学の男女比を見ると、上位校、旧帝大に限っても3割以上が女性ですし、旧帝大の文系では4割が女性です。こういう状況で採用活動をしていると、企業が任意的に選択するのは、ランクが低い大学の男子学生よりもランクの高い大学の女性ということになります。ここで、揺らぎが起きているんですね。揺らぎが起きた結果、2割前後、一部上場企業だと24％ぐらい女性を採るようになっています。

　2000年卒ぐらいから、そうした女性総合職の採用が急に増えて、ず

っと20％以上採用してきて、この状況が十数年続いた結果、どうなったか。竹信さんも触れたように、いま係長相当職に占める女性の割合は全体平均で15、16％ですけれども、大企業の係長職の女性比率は、中小企業を抜いて18％ぐらいです。最初の頃の女性たちは苦しんできたと思いますけれども、十数年間働いた結果、ようやく係長の約2割弱が女性になったんです。これはとば口まで来たと、私は見ています。揺らぎが起きている。揺らぎが起きてきて、問題が非常に明確化している面もありますが、揺らぎは確実に起きています。この2割の女性たちを決して辞めさせずに、少し下駄を履かせても管理職にしてほしいのです。

　そういう意味では、クオータに関しても非常にリアリティが出てきました。かつては、課長の2割を女性にすると言ってもリアリティがなかったけれども、2割どころか、これからは新任に関しては3割を女性にするというクオータをつくってもおかしくない状況になってきたのです。もうしっかりと、クオータをつくるべき時期だと思っています。パパ・クオータに関しても、同じようにしっかりつくるべきだと思います。

西村──ありがとうございます。鴨さん、いかがですか。

鴨──私は自分がやっている仕事からすれば、管理職というのを意識したことがないので、「どうすれば女性の管理職を増やせるのか」と問われても答えるものが見えてこなくて、ちょっと困っていたところです。

　ただ、労働組合も同じような状況です。私は2013年5月まで全国ユニオンの会長を務めていたのですが、連合の産別で女性のトップは、私と、NHK労連議長で連合の会長代行も務めている岡本直美さん、2人のみだったんです。

　連合の中で、とても印象深いことがありました。連合は、中央執行委員会の女性中執を30％にしたのです。その最初の会議のときに、マスコミが来たのですが、女性たちを一カ所に集めて座らせたんです。そうしたら、女性たちから、「中執に女性がいるということを、マスコミにアピールするためなんですか」と抗議があがったのです。まさにそうい

う状態だったのです。女性がいることが、ある意味珍しいという状況が、まだまだ労働組合にはあります。

　そうは言っても自分自身、全国ユニオンの会長になぜ就けたのかというと、連れ合いとの関係で言えば、私が活動することは家庭が崩壊すると言われ、何度も離婚寸前までいって乗り越えてきたので、夫としては「言ってもしかたがない」とあきらめ、子どもたちも大きくなっていたので、家の中に障害はないということが、とても大きかったと思います。

　ただ、会長として10年間活動をし、単に女性が就けばいいということではないと思う一方で、非正規労働者の問題をなんとかしたいという全国ユニオンの活動の目的から言うならば、私自身が非正規労働者であり、女性労働者であるので、その意味ではリアルに、ユニオンの存在を表現できるという良さはあると思いました。

　しかし、後進を、若い女性たちを育てていくというのはなかなか難しくて、いま悩んでいるところでもあるので、本当はこの問題に答えてはいけない立場にあるのかなとすら思います。

西村──ありがとうございました。東海林さん、お願いします。

東海林──管理職のことは、自分自身、管理職ではないのでわかりません。ただ、竹信さんや海老原さんが、女性比率が3割になれば変わる、あるいはクオータ制が必要だということをおっしゃっていたように、そこは本当に期待したいと思います。そうなれば、おそらく意思決定の過程は変わってくるだろうと思うので、そこのところをなんとかこじ開けていく必要があると思っています。

西村──湯澤さん、いかがでしょうか。

湯澤──雇用の場におけるジェンダー平等教育、人権教育をかなり本気で推進していかなければいけないと思います。

　それから、女性の管理職への登用と同時に、雇用の入口での学歴格差／学歴差別にも取り組む必要があると思います。学歴による生涯賃金の格差はかなり大きいので、この問題も併せて考えなければ、輝く社会と

いうものはつくり得ないと思います。企業側の雇用のあり方を、やはり変えてほしいと考えています。
西村──ありがとうございます。

●最低賃金をめぐる問題

西村──あと少し時間がありますので、会場にお越しの方で質問のある方がいらっしゃいましたら、挙手していただきたいのですが、いかがでしょうか。

竹信──基調講演をしました竹信ですが、クオータ制に関しまして、民間でやらないとは言っておりませんので、そこはちょっと修正しておきたいと思います。現に、マスメディアのクオータが必要だというお話もしましたが、それはまさに民間会社のことです。どうやるかが難しいのは間違いないですし、いろいろと工夫は必要だと思いますが、最終的にやるべきであると思わざるを得ないほど、ひどい状況にあると思います。

　もう一つ、いまの議論を伺っていて思ったのですが、ジョブ型にするとか、雇用の流動化を図るとか、ポストがなくなったら切ってもいいとか、もし仮にそういう路線をとるならば、もっと社会保障を厚くしていかなければ絶対に不可能です。

　大事なことは、日本型とジョブ型のどちらを採るかといったことより、どうやれば働く人がなんとかやっていけるのかということだと思います。皆さんもおっしゃっていることだと思いますけれども、本当にそのことから入っていかないといけない。湯澤さんもシングルマザーの問題のところでおっしゃっていましたが、そこにいる生身の人間がどうやって人間らしくきちんと生きていけるかということを飛ばしてしまって、就労率を何パーセント以上にするなどと言っても、意味がないんです。

　繰り返しますけれども、ジョブ型とか、雇用の流動化とか、ポストでの雇用とか、もしそのようなやり方でいくのなら、社会保障は最低限厚くしなければいけません。それなのに、例えば今度の介護保険制度の改

正では、サービスが削られて負担も増えるようなかたちになっています。そういうことをしておいて、一方では「もっと働け」と言っても、できるわけがないだろうということを、もっと総合的に、皆さんと一緒に訴えていくほうがいいのではないかと思っています。

　最後に、今日は自治体関係の方もたくさんいらっしゃっているということなので申し上げたいのですが、さきほどお話にあがった、「労働法改悪に対する反対決議」にしても、公契約条例にしても、これからは自治体において、雇用の話が非常に重要になってくる局面に来ていると思います。

　増田寛也さんがお書きになった『地方消滅』という本が流行っておりますが、あの中では、若い女性がいなくなることがまずい、というようなことなどがいろいろ書いてあって、若い女性がたくさん来ている街といなくなっている街とを比べて、順位表をつくったりしていますよね。今日ここに来る前の会合で、非正規の労働運動をやっていらっしゃる青森県の女性が、「賃金があまりにも安すぎて、若い女性は流出せざるを得ない」と言っていました。つまり地方ですと、夫がいる妻が、安い賃金でパートをやっているというようなイメージを皆なんとなく抱いていて、それが低賃金の言い訳になってきたのも事実なんですね。本当はそうではないんですけれども。でも、地方においてさえもあまりにも賃金が安くて、公契約条例もないのでどんどん下げられている、と。地域別に定められている最低賃金は、本当に低すぎて、食べていけるようなものではありません。そういうふうにして地域に張り付いている非正規雇用に、女性がたくさん就いているわけです。そうなってきてしまうと、特に独身女性は、地方から出ていかないと食べられないのだそうです。だから若い女性が流出していると、彼女は言っていました。実感を伴った発言で、私も勉強になりました。

　そういうことを考えたときに、地方をきちんと維持しようと思うのならば、それこそ決議をあげて、最低賃金を上げて、消費を活性化して、

かつ独身女性がなんとかやっていける仕組みを立て直すということをしなければ、地方は消滅しますよ、ということを付け加えたいと思います。ありがとうございました。

海老原——私からも一言よろしいでしょうか。最低賃金についての話ですが、欧米の場合、最低賃金は職務別に全部決まっています。「これ以上でなければいけない」と、職務別もしくは職務ランク別に全部決まっているんです。最低のところのみを見るのではなくて、そういう仕組みになっているということも一つ、きちんと頭に置いておくべきだと思うのです。それが一つ目の話です。

　二つ目ですが、最低賃金を上げるという話になると、「そうすると国際競争力がなくなって、製造業は全部アジアに出ていってしまう」という話がよく出てくるんです。でも、それもちょっと違うということを、きちんと言っておきたいのです。なぜならば、例えば海外移転ができるはずの製造業の派遣単価ってそんなに低くないんですよ。それに対して、販売サービスなどが異常に低い。販売サービスは内需産業で出ていきようがないのです。おかしいですよね？　つまり、ここは、どう腹を決めるかなんですよね。お金を持っている人たちも含めて、欧州のように連帯することです。牛丼屋で安い牛丼を食べているにもかかわらず「安い賃金で働かされている人のことは知らない」というのではなく、「そんな商売ではいけないから、高い牛丼でも食べる」という、そうした連帯が必要なのです。そういう意味で考えると、企業が海外に出ていってしまうから最低賃金を上げないという議論は、違うと思います。いちばん安いのは海外に出ていけない販売サービスですから。

東海林——最低賃金の話で、1点だけよろしいでしょうか。日本は、産業別最低賃金もありますけれども、基本は地域別最低賃金なんですね。同一労働同一賃金という点から言いますと、地域別であることによって非常に好ましくない状態が、現にあるんです。例えば、青森県のセブン-イレブンと、東京のセブン-イレブンのアルバイトは、まったく同じ仕

事をしています。青森も東京も、売っているものの値段は同じです。けれども、最低賃金で比べれば200円以上違う。こういう状況がある中で、地方から都市部に人が流れないわけがないのです。

　東京は家賃が高くて地方は家賃も生活費も安いから、最低賃金の差があるのはしかたがない、とよく言われているのですが、実はよく計算して比べてみると、そんなことはありません。例えば東北では、交通機関の問題がありますから、どうしても車が必要です。でも、東京で暮らしていれば、車は必要ありません。家賃は高いけれども車は必要ないということで、計算すると「いってこい」なんです。にもかかわらず、そのような賃金の格差があることが、地方を疲弊させている一つの原因ではないかと思います。

　なぜ最低賃金が上がらないのかというのは、いま海老原さんが言ったとおりだと思います。全国統一の最低賃金がいいかどうかは、ちょっとおいておくとしても、例えば静岡と神奈川では道路一本隔てただけで170円違っていて、静岡側に来たら170円安い、神奈川側に入れば170円高いという状態もありますので、それを許したままにしておくのかどうか、という話もあると思います。

西村――ありがとうございました。それでは、最後に本日のパネルディスカッションの内容をふまえて、簡単に締めさせていただきたいと思います。

　本日ご議論いただきました「女性の活躍推進」政策をめぐる諸問題は、結局ワーク・ライフ・バランスが上手くとれないという問題です。現在、日本型雇用を核とするワークの部分には相当大きな矛盾があります。同一価値労働同一賃金、均等待遇も実現できていないために女性が多い非正規雇用は働いても貧困から抜け出せず、不景気の時には簡単に解雇されるワーキング・プアと呼ばれています。待遇や雇用が安定している正規雇用も長時間労働が常態化している職場が多く、出産・育児といったライフイベントを抱える女性が就労を継続しにくい労働環境となってい

ます。「女性の活躍推進」を言う以前に、社会保障制度の見直しも含めてこうした問題を根本的なところから解決していかなければ、活躍推進に行き着かないだろうということを様々な視点からご議論いただきました。

　ここで議論されたことはいずれも日本社会の抱える大きな問題ですが、ただ社会全体で見ると、「このまま放置しておいたら日本は危ない」というところまで危機意識が高まっていないように思います。安倍政権の政策を見ても労働者派遣法改悪の動きからもわかるように、日本型雇用の矛盾に厳しくメスを入れることなく、表層的な部分だけ都合良く変えようとしています。しかし、根本的なところまでメスを入れていただかないと、ワーク・ライフ・バランスは実現しませんし、ひいては、男女互いに尊重しあって活躍できるような社会は築いていけないのではないかと思いました。

　また、ライフの部分については、ワークのあり方に大きく左右されているので、ワークの見直しが行われなければ改善は難しく、ワークとライフのバランスを取るためには、ライフ自体を支える仕組み、育児・介護などの社会的セーフティネットや助け合いの仕組み、社会福祉制度の充実が不可欠だと思います。近年では官民共にそうしたセーフティネットや仕組みを整えようという努力が続けられてきましたが、現実には、待機児童解消のために保育所をつくろうとしたら反対運動が起こって増設できないなど、社会福祉を充実させる政策が各論レベルで十分コンセンサスを得られているわけではないように感じる事例もあります。

　国や自治体がやるべきこと・やれることは数多くありますが、それと同時に、ライフが営まれているコミュニティにおいて、人々がどのように関わっていくのかということも考え、意識を変えていかなければいけないと思います。おそらくこうした問題がすべて解決しなければ、女性の活躍が阻まれている状況は改善されないでしょうし、まして管理職を増やしていくことは難しいでしょう。

男女共に活躍できるような社会にたどり着くまでの道のりは険しく長いでしょうが、それでも、多くの人がこの問題に関心を持ち、声をあげていくことが第一歩として非常に大切で、このシンポジウムがそのきっかけの一つになればと願っております。
　拙い司会進行で皆様にはご迷惑をおかけしましたけれども、以上を持ちまして本日のシンポジウムを終了させていただきます。長い時間おつきあいいただき、どうもありがとうございました。

「都市問題」公開講座ブックレット30

市町村合併——その功罪を考える

◆パネルディスカッション

パネリスト（五十音順）

石垣 正夫　岡山県新見市長
小寺 幸治　山陽新聞倉敷本社編集部副部長
浜田 一義　広島県安芸高田市長
道上 正寿　前・岡山県西粟倉村長
新藤 宗幸　後藤・安田記念東京都市研究所研究担当常務理事（司会）

◆研究報告

川手 摂　後藤・安田記念東京都市研究所研究員
木村 佳弘　後藤・安田記念東京都市研究所主任研究員

編集・発行　公益財団法人 後藤・安田記念東京都市研究所
2014年2月、A5判、64頁、定価：本体476円＋税、送料180円

「都市問題」公開講座ブックレット29

見果てぬ夢か？ 道州制

◆基調講演

大森 彌　東京大学名誉教授

◆パネルディスカッション

パネリスト（五十音順）

浅野 史郎　神奈川大学教授、前宮城県知事
工藤 裕子　中央大学法学部教授
谷 隆徳　日本経済新聞論説委員兼編集委員
田村 秀　新潟大学法学部長
新藤 宗幸　後藤・安田記念東京都市研究所研究担当常務理事（司会）

編集・発行　公益財団法人 後藤・安田記念東京都市研究所
2013年10月、A5判、74頁、定価：本体476円＋税、送料180円

「都市問題」公開講座ブックレット32

「足」を守る——地域公共交通の将来

◆基調講演
　原　　武史　　明治学院大学国際学部教授

◆パネルディスカッション
　パネリスト(五十音順)
　市川　嘉一　　日本経済新聞社記者
　幸山　政史　　熊本市長
　望月　正彦　　三陸鉄道株式会社代表取締役社長
　若菜　千穂　　特定非営利活動法人いわて地域づくり支援センター常務理事
　新藤　宗幸　　後藤・安田記念東京都市研究所研究担当常務理事(司会)

編集・発行　公益財団法人　後藤・安田記念東京都市研究所
2014年10月、Ａ５判、72頁、定価：本体463円＋税、送料180円

「都市問題」公開講座ブックレット31

国土強靭化——その内実を問う

◆基調講演
　大西　　隆　　慶應義塾大学大学院政策・メディア研究科特別招聘教授
　　　　　　　　日本学術会議会長

◆パネルディスカッション
　パネリスト(五十音順)
　池上　岳彦　　立教大学経済学部教授
　尾﨑　正直　　高知県知事
　窪田　亜矢　　東京大学大学院工学系研究科准教授
　藤井　　聡　　京都大学大学院工学研究科教授
　新藤　宗幸　　後藤・安田記念東京都市研究所研究担当常務理事(司会)

編集・発行　公益財団法人　後藤・安田記念東京都市研究所
2014年6月、Ａ５判、84頁、定価：本体463円＋税、送料180円